汽车维修接待实务

（第2版）

主　编　赵　苑　刘　茜

副主编　李　帆　曹思琳

参　编　甘秀芹　刘文静　张树峰

　　　　屈斌峰　王龙伟

主　审　申荣卫

北京理工大学出版社
BEIJING INSTITUTE OF TECHNOLOGY PRESS

内 容 简 介

本教材贯彻党的二十大精神，以德国高等教育的"行为引导法"为理念编著，突破了同类教材"理论过多不实用，实践过粗难参考"的缺憾，以内容实用、详简适宜、操作性强为原则，借鉴多家汽车品牌维修服务接待岗位的标准工作流程和能力要求，将汽车服务接待工作分解成七个任务：服务顾问职业素养养成、服务预约、客户接待与车辆预检、确定保养维修项目、维修过程中的沟通、交车作业和服务跟踪。通过任务下达，展开理论知识、工作规范的学习和实践。同时作者还特别增加了典型案例话术、相关工具使用、特别提示、素养提升等环节辅助教学，并针对各个子任务专门设计了独立的"学生工作页"供学生实践巩固。学习完本课程后，学生就能顺利成长为企业合格可用的服务顾问。

本书既可作为高等院校、高职院校学生、汽车服务类企业人员等的教材使用，也可供汽车一线服务接待人员和对汽车服务感兴趣的读者参考阅读。

图书在版编目（CIP）数据

汽车维修接待实务 / 赵苑，刘茜主编. -- 2 版. --
北京：北京理工大学出版社，2024.4
ISBN 978 - 7 - 5763 - 3863 - 8

Ⅰ. ①汽… Ⅱ. ①赵… ②刘… Ⅲ. ①汽车维修业 -
商业服务 Ⅳ. ①U472.31

中国国家版本馆 CIP 数据核字（2024）第 082746 号

责任编辑：王俊洁　　　文案编辑：王俊洁
责任校对：刘亚男　　　责任印制：李志强

出版发行 / 北京理工大学出版社有限责任公司
社　　址 / 北京市丰台区四合庄路 6 号
邮　　编 / 100070
电　　话 / （010）68914026（教材售后服务热线）
　　　　　（010）68944437（课件资源服务热线）
网　　址 / http://www.bitpress.com.cn

版 印 次 / 2024 年 4 月第 2 版第 1 次印刷
印　　刷 / 三河市天利华印刷装订有限公司
开　　本 / 787 mm×1092 mm　1/16
印　　张 / 15
字　　数 / 346 千字
定　　价 / 78.00 元

前　言

随着党的二十大精神的深入贯彻和落实，我国汽车产业正迎来前所未有的发展机遇。作为国民经济的重要支柱产业，汽车产业不仅承载着推动经济增长的重任，更在促进就业、改善民生等方面发挥着重要作用。特别是在新能源汽车技术的迅猛发展和售后服务新业态的不断涌现下，汽车服务领域正面临着转型升级的重大挑战。

为了适应这一时代变革，我们面向汽车售后服务岗位，编写了本教材，旨在培养具备现代汽车服务理念和专业技能的一大批德才兼备、知行合一的高素质技术技能人才。本教材系统介绍了汽车服务顾问的工作职责、技能要求以及服务流程，帮助学习者全面理解并掌握汽车服务行业的最新动态和发展趋势，并充分结合新能源汽车技术的发展和市场需求的变化，着重介绍了电动汽车、混合动力汽车等新型车辆的服务知识和技巧，使本教材内容更加贴近实际，具有前瞻性。

根据职业教育的特点，我们对汽车企业培训、经销商实例进行了资源整合，使本教材具有以下特色优势：

第一，借鉴先进的"行为引导法"的教学理念，在编写教材时，以教师引导为主，强调学生积极主动地学习和实践。在内容设计上，以"任务下达"为引导，以"知识准备"做铺垫，以"操作规范"为标准，以"工具使用"为辅助，以独立的"学生工作页"为实践，以"企业岗位工作流程考核标准"为评价依据，使整个教学过程有知识可学，有技能可练，有标准可参考，真正培养了学生的主动意识和学习思路。

第二，以高职教育"职业导向""任务引领"为参考，将任务按照工作的流程划分，以几个典型客户案例贯穿前后，展示了完整的工作过程，逻辑清晰，内容完善。能够让教师教得细致，学生学得扎实。

第三，参与本教材的编者都有汽车企业认证的品牌售后服务接待岗位培训师资质，并具有多年企业培训和学校授课经验，对该岗位技能的培养要求和训练方法很有心得。

第四，本教材内容详略得当，案例话术设计细致，可参考性很强，展示工具皆为企业实际在用的工具，图片也多从企业实地获得，鲜活地展示了汽车维修接待岗位的日常工作，即使不在现场，也如师傅手把手带徒弟一般。

本书既可作为高等职业院校、汽车服务类企业人员等的教材使用，也可供汽车一线服务接待人员和对汽车服务感兴趣的读者参考阅读。

本书由陕西交通职业技术学院教师以及相关企业专家共同编写，由陕西交通职业技术学院赵苑、刘茜老师担任主编，由陕西交通职业技术学院李帆、曹思琳老师担任副主编，南京交通职业技术学院甘秀芹老师、新疆交通职业技术学院刘文静老师、宁波城市职业技术学院张树峰老师、陕西景泰汽车销售服务有限公司屈斌峰店长及陕西华秦汽车维修有限责任公司王龙伟总经理参与编写工作。具体编写任务分工：赵苑、甘秀芹编写任务一；李帆编写任务二；赵苑编写任务三；刘茜编写任务四、任务五；曹思琳编写任务六；刘文静编写任务七；张树峰编写任务三维修案例；屈斌峰负责整理新能源车型典型工作案例；王龙伟负责整理燃油车型典型工作案例。全书由赵苑统稿，由天津职业技术师范大学申荣卫老师担任主审。

在本书的编写过程中，我们参考了与汽车维修接待相关的书籍、论文，各品牌经销商提供的售后资料等文献，尤其感谢神龙汽车公司品牌与培训部提供的培训资料。在此，谨向原作者表示谢意。

限于编者的经历和水平，该教材难免有不足和疏漏之处，还望广大读者和专家提出宝贵意见，我们会修订改正。

编　者

二维码索引

序号	名称	二维码	页码
1	客户主动预约操作示范		31 页
2	接待预检操作示范		41 页
3	车辆问诊操作示范		53 页
4	保养项目的沟通操作示范		65 页
5	维修项目的沟通操作示范		81 页
6	签订维修委托书操作示范		88 页
7	增项处理操作示范		97 页
8	交车准备操作示范		118 页
9	交车结算操作示范		124 页
10	服务跟踪操作示范		134 页

目　录

任务一

服务顾问职业素养养成

任务导语

服务顾问是汽车维修企业售后部门的重要岗位之一，主要负责来店客户的接待、车辆维修派工、交车结算等工作，是售后部门中与客户接触最多的岗位，也是客户与企业的唯一桥梁。因此，服务顾问的言行举止展示着企业与品牌的形象，是企业获取客户信赖、维系客户忠诚度的关键岗位。

任务要求

能力目标	知识目标	素养目标
<ul><li>能说出服务的本质；</li><li>会解释客户满意度；</li><li>能说出汽车售后服务的重要性；</li><li>能描述出服务顾问在维修过程中的主要职责；</li><li>能初步建立起服务意识；</li><li>能按照服务礼仪要求塑造个人专业形象</li></ul>	<ul><li>服务的特征；</li><li>汽车维修服务的特点；</li><li>满意度的概念；</li><li>服务礼仪知识</li></ul>	<ul><li>培养诚实守信的职业道德素养；</li><li>培养运用马克思主义方法分析问题和解决问题的能力；</li><li>培养规范操作的意识、实事求是的态度</li></ul>

※总学时：8 学时

❀子任务 1.1　认识汽车售后服务

※建议学时：2 学时

任务下达

陈冬是汽车学院的一名在校大学生，即将毕业的他一直在找工作。陈冬认为汽车服务行业前景广阔，因此他想从服务顾问岗位干起。经过了解，陈冬发现，汽车维修企业在对服务顾问任职资格的描述中，要求具备良好的客户服务意识。因此，陈冬一直在思考，什么是服务？如何才能做好汽车售后服务工作？

任务工单

详见"学生工作页"任务一 子任务1.1。

知识链接

1. 认识服务

（1）服务的概念

作为消费者，我们每天都在享受各种各样的服务，上网、购物、受教育、理发、旅行等都属于服务消费的范畴。正是由于服务业太过庞杂，尽管西方学者很早就开始研究，但对服务的概念至今也没有统一的界定，运输、美容美发、医疗保健、酒吧、健身、汽车维修、广播电视、教育、银行、保险等众多行业的学者和机构都有他们不同的理解。

简单地说，服务是行动、过程或表现。服务是以满足消费者的需要为目的，以人的活动为基础的为消费者提供满足的过程。消费者可以从服务提供者的劳动专业技能中获得价值，但并不拥有任何实体要素的所有权。

与实体产品相比，服务产品有着非常鲜明的特性。表1－1所示是实体产品与服务产品的区别。

表1－1　实体产品与服务产品的区别

实体产品	服务产品
是一种物品，如汽车、手机、电脑等	是一种行为或过程，如教育、看病、健身等
客户购买的目的是该产品的所有权	客户购买的目的是感受服务的过程
核心价值在工厂被生产出来	核心价值在买卖双方交互中产生
生产和消费的过程是分离的	生产和消费的过程同时进行
顾客一般不参与生产过程	顾客参与生产过程
可以进行标准化生产	服务过程很难标准化
可以储存	不可以储存

（2）服务的特性

在表1－1中所列的服务产品的诸多特性中，有四类显著特性对于理解服务的概念非常关键。

1）无形性

服务最基本的特性就是无形性。服务是一种行动，是人的一种心理感应，而不是实物，我们不能像感觉有形商品那样来看到或触摸到服务。因此，服务的无形性带来很多管理上的挑战，如服务不易管理；服务不能依法申请专利，新的服务概念可以轻而易举地被竞争对手模仿；服务不容易向客户轻而易举地展示；服务的实际成本难以确定等。

2）异质性

由于服务基本上是由人表现出来的一系列行为，因而就没有两种服务会完全一致。另外，客户也不会完全一样，每位客户都会有独特的需求，这也会产生异质性。例如，同一位服务顾问接待客户是在精力充沛的早晨还是忙了一天而精疲力竭的临近下班时间，会向客户提供的服务也不同。因此，要确保服务质量的一致性非常困难。正因如此，汽车维修企业要不断推进标准化服务流程，使用可量化的行为标准来规范服务顾问的行为，从而管理和监控服务质量，提高客户满意度。

3）生产与消费的同步性

大多数产品是先生产再进行销售，但服务却是生产、销售同步进行，服务中的失误不能被退回或重新出售。因此，服务中产生差错是不可避免的，重要的是如何对差错进行服务补救。客户投诉是发现服务失误的重要途径，也是企业进行服务补救的最好时机，一个良好的服务补救措施可以将愤怒、失望的客户转变成忠诚的客户。

素养提升 1-1

客户投诉就像企业遇到的小型"危机"，若能正确对待，并根据投诉原因及时、合理处理，就可以迅速化解客户的抱怨和不满，变"危机"为"良机"，再度赢得客户信任，提高客户对企业的美誉度和忠诚度。反之，则会扩大企业的负面效应，极大影响企业信誉和口碑。请在以后的工作中学会用"一分为二"的观点分析事物，才能避免出现差错。

4）易逝性

服务不能被储存，以备今后销售或使用，这带来的问题是很难管理客户对服务的需求。例如，周末前来维护车辆的客户要比工作日前来的客户多，而汽车维修企业的设备和人员却很难依客户需求做出调整。因此，企业要想保持客户需求和接待能力的一致性，可以通过维修预约来平衡客户需求的波动，另外，可以为预约客户做好充分的准备工作，以提高工作效率。

2. 认识汽车维修服务

（1）售后服务的重要性

 **应用案例**

【案例概况】

在我国的家电品牌中，海尔算是知名品牌，价格自然不便宜，海尔的空调、冰箱和进口品牌价格持平，比其他国产品牌贵不少，但海尔的产品销量遥遥领先。这是为什么呢？是因为海尔产品的质量好吗？可以说"是"，也可以说"不是"。也有个别客户认为海尔产品的质量不能说是特别好，甚至在做客户调查时，有客户说春兰空调的质量比海尔空调的质量好，可春兰的价格却比海尔的低。那是为什么呢？那是因为海尔的售后服务在家电行业堪称最佳，客户只要打个电话，马上就有人来维修，而且服务态度特别好，许多客户都是冲着海尔的服务而非产品质量。

【案例解析】

海尔通过良好的售后服务带动了高价产品的销售，体现了售后服务的品牌效应。

汽车行业也是如此，高品质的售后服务可以造就一个良好的汽车品牌。售后服务的品牌效应是打动消费者的重要方面。表1-2是丰田公司的调研数据，从表1-2我们可以得出这样的结论：客户只有在对销售服务和售后服务都满意的情况下，才会产生反复购买的行为。相较于销售服务，售后服务是决定客户忠诚度的关键因素。汽车行业有一句名言："第一辆车是销售人员卖出去的，第二辆车、第三辆车是售后人员卖出去的。"由此可以看出，售后服务对于汽车企业来讲多么重要。

表1-2　客户对服务的满意与否与再次购车意向的关系

销售服务	售后服务	再次购车意向
√	√	71%
×	√	26%
√	×	1%

注："√"代表客户对服务满意，"×"代表不满意。

（2）汽车销售服务与汽车维修服务的对比

在多数情况下，我们容易把汽车销售服务和汽车维修服务混为一谈，因为两者本身就像是孪生兄弟。实际上对于从事汽车服务业的企业来说，汽车销售与维修服务的提供方式有很大区别：汽车新车销售有明显的实体产品特征，很多时候，车型质量和性能的优劣在客户的价值衡量中起着主导的作用，也就是说，客户不会仅仅因为服务好就买车；而汽车维修服务却有着鲜明的服务产品特征，相比较而言，客户更在意等待的时间及汽车性能的恢复程度，也就是说，客户更在意服务提供的质量及其服务的态度，服务质量的好坏程度决定着客户最终的价值考量大小。具体对比如表1-3所示。

表1-3　汽车销售服务与汽车维修服务的对比

汽车销售服务	汽车维修服务
汽车可以先生产，再销售	维修服务的提供和消费可以同时进行，客户可以观察甚至参加到生产服务当中
可以进行标准化的生产作业，产品质量可以得到有效控制	服务过程很难标准化，服务的质量与服务提供者和接受者有很大关系
汽车可以储存、转售和退回	一旦发生服务，则无法再退回或重新出售
作为汽车产品，在很多情况下客户是可以等待的	由于客户直接参与到生产服务中，客户对时间的承诺更为在意
客户选择车型的原因主要是汽车本身的性能，服务的好坏并不是客户购车与否的主要原因	客户十分在意汽车维修服务的整个提供过程，维修质量的好坏、服务是否周到、态度是否热情，都是客户考虑服务价值的主导因素

3. 认识客户满意度

（1）客户满意度的概念

客户满意度是每个汽车品牌和厂家都关注的一个工作指标，客户满意度的提升将会给企业带来极大的利润提升，因此，客户满意度是汽车维修服务中十分重要的概念。客户满意度不是一个瞬间值，而是一项需要长期进行的管理工作，它只会在汽车服务人员踏实的日常管理中不断提升，汽车服务人员一定要将提高客户满意度这个工作理念时刻放在自己的工作过程中。

客户满意度反映的是顾客的一种心理状态，它来源于客户体验企业的某种服务时所产生的实际感受与自己原先的期望所进行的对比，我们可以通过图1-1来理解这一概念。也就是说，"满意"并不是一个绝对概念，而是一个相对概念。

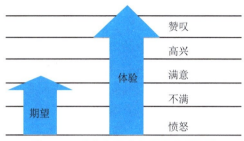

图1-1　客户期望与客户体验对比图

（2）客户期望

要明确客户满意这一概念，需要理解什么是客户期望。客户根据已有的体验、掌握的信息或别人的介绍，对即将购买的产品和接受的服务有一种内心的期待，我们称之为客户期望值。如果客户没有类似的经历，就会根据产品的口碑、新闻报道或者公司的市场宣传而形成购买期望。

了解客户对维修服务的期望是提升客户对汽车维修企业满意度的关键。那么，在进行车辆保养和维修时，客户的内心期望都有哪些呢？经过调查，这些期望主要包括四个方面：车辆的维修质量、与客户的沟通、维修时间和便利性、成本。图1-2列举了客户在这四个方面的具体要求。

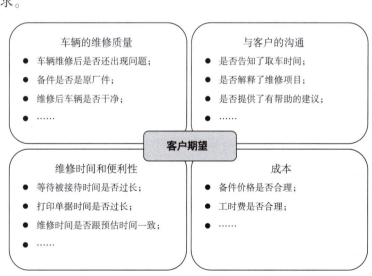

图1-2　客户对维修服务的期望

（3）客户满意与客户忠诚的关系

客户忠诚的基础源于客户满意，高度满意的客户更容易成为一名忠诚客户。对于汽车维修企业来说，忠诚客户是指那些总是回到企业来进行车辆保养和维修，或是重复购买备件或新车的客户。对服务类企业而言，忠诚客户才是真正有价值的客户，在多数情况下，忠诚客户的多少，反映了服务类企业的效益好坏。相关理论表明，一个公司如果将其客户流失率降低5%，其利润率就能增加25%～85%，而且忠诚客户会成为企业的倡导者，传播积极的口碑效益。

无论是在高度竞争的行业还是低度竞争的行业，客户的高满意度都是形成客户对品牌忠诚度的必要条件。企业的营销目标与其说是让客户满意，不如说是让他们非常满意。据调查发现，只有非常满意的客户才可能成为品牌忠诚者，而那些对你的产品或服务表示满意的客户，仍然有70%的人会购买竞争者的产品。也就是说，如果你仅仅达到客户的期望值，使其满意，可赢得客户，但要留住客户，培养他们的品牌忠诚度，就必须超越期望值，使其非常满意。所以，对于汽车维修企业来说，要留住客户，就必须进行不间断的客户满意度管理与控制，追求非常满意的目标。

巩固练习

一、单项选择题

1. 由于服务的（　　）特性，要确保服务质量的一致性非常困难。因此，企业需要不断推进标准化服务流程。

    A. 无形性　　　　　B. 异质性　　　　　C. 同步性　　　　　D. 易逝性

2. 一般来说，客户购车考虑的最主要因素是（　　）。

    A. 服务好　　　　　B. 态度热情　　　　　C. 车辆性能佳　　　　　D. 地理位置好

3. 对服务（　　）的客户才可能成为品牌的忠诚者。

    A. 期望值高　　　　　B. 期望值低　　　　　C. 满意　　　　　D. 非常满意

4. 下列关于满意度的说法，错误的是（　　）。

    A. 客户满意度是心理预期与实际感受的对比

    B. 客户满意度是一种相对概念

    C. 客户满意度越高，客户忠诚度越高

    D. 客户满意度是一个绝对值

5. 汽车售后的目标是（　　），实现客户满意。

    A. 理解客户　　　B. 满足客户需求　　　C. 服务客户　　　D. 与客户沟通

二、判断题

1. 汽车维修接待要树立"客户至上"的服务理念，因此顾客的任何要求都要满足。（　　）

2. 汽车售后服务主要是由汽车销售部门为客户所提供的所有技术性服务工作。（　　）

3. 客户的投诉无论对企业还是对销售商都会造成危害，服务顾问一定要制止客户投诉。（　　）

拓展学习

服务经济时代的到来

作为消费者，我们日常的衣食住行，无时无刻不是在消费某种服务产品，这些产品可能是由零售业、房地产业、娱乐资讯、电信金融服务、交通运输、公用事业服务、教育卫生服务等行业提供的，商业机构和其他社会团体，则是在更大规模上购买、消费服务产品。毫不夸张地讲，人类社会正在从一个由工业主导的社会逐步演化为一个服务业主导的社会，当今社会是服务经济社会。

服务构成了现代经济的重要组成部分，在美国和加拿大，服务业对 GDP 的贡献率分别达到 73% 和 67%，在世界其他发达国家也是如此。

服务业不但对一个国家的 GDP 贡献良多，而且为创造新的就业岗位做出了贡献。有关数据显示，在过去的 30 年中，服务业为美国社会创造了 5 000 多万个就业岗位，大大缓解了美国经济衰退所带来的负面影响，促进了美国经济大复苏。世界银行统计显示，不仅在发达国家，在许多拉美国家和加勒比沿岸国家，服务业对 GDP 及就业的贡献均超过 50%。可以说，随着经济的发展，人均 GDP 的提升，在一个国家的经济生活中，服务业的地位和影响力与日俱增，在国民经济中发挥着举足轻重的作用。

在服务经济时代，不但服务业需要更加重视服务营销与服务管理，而且制造企业也意识到，要想在激烈的竞争中获胜，提供优质服务是必不可少的，企业的很大一部分利润来源于服务。因此，很多企业逐渐将业务重心转向服务领域。

❋子任务 1.2　服务顾问岗位认知

※建议学时：2 学时

 任务下达

通过前期的知识积累，陈冬已经对汽车服务工作有了大概的了解，如果他想要应聘服务顾问岗位，接下来，他还需要了解服务顾问的具体工作内容是什么？如何按照企业的要求来开展工作？

 任务工单

详见"学生工作页"任务一　子任务 1.2。

 知识链接

1. 汽车维修企业售后服务部门机构设置

车辆在使用过程中，定期的维护及修理工作都是由汽车维修企业的售后部门来完成的。

图1-3所示是某品牌经销商服务部组织机构图，从图1-3中可以看出，汽车售后服务部门岗位设置较多，其中服务经理及其下设岗位负责客户接待工作，车间主任、备件经理、技术经理及其所有下设岗位负责车辆维护维修工作。作为前台接待，服务顾问要将客户的诉求传达给维修车间，同时协调备件、技术等相关部门的工作，可以说，服务顾问是与各部门打交道最多的岗位。

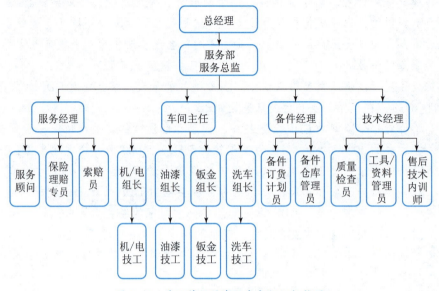

图1-3 某品牌经销商服务部组织机构图

服务顾问的直接领导是服务经理，如果在接待客户的过程中，出现难以解决的问题或接到客户投诉时，应及时求助服务经理。服务经理除具备服务顾问的工作能力之外，还应对服务顾问的工作进行监督与指导。

◇~ **素养提升** 1-3

　　个人发展与企业发展的关系就像鱼儿和水的关系，鱼儿离不开水，个人的发展也离不开企业，请同学们给自己定好位，为企业的良好发展贡献自己的一分力量。

2. 服务顾问的角色特征

客户从进店到离店，由服务顾问全程陪同，服务顾问是传递客户信息与企业信息的唯一渠道。对于维修企业而言，服务顾问代表客户，按照客户需求协调企业资源，完成车辆的维修任务；对于客户而言，服务顾问代表企业，为企业创造利润。服务顾问的角色特征如表1-4所示。

表1-4 服务顾问的角色特征

角色	· 作为客户和维修车间之间沟通的桥梁 · 通过提供优质的服务使客户保持忠诚度，并能确保对客户的最大吸引力 · 为提高企业的利润做出贡献

个人特点	• 彬彬有礼，有亲和力 • 仪表大方、端庄、整洁 • 诚实可靠、值得信赖 • 开朗友好，乐于交际
个人能力	• 善于倾听 • 注重细节 • 信守承诺 • 口头与书面表达能力强 • 团队协作能力强 • 有较强的服务意识 • 工作效率高 • 具备一定的专业技能

3. 服务顾问的能力要求

在服务经理级别以下的岗位中，对服务顾问的能力要求是最高的，服务顾问既要懂政策、懂汽车知识，还要会沟通、会协调，可以说是要能文能武。因此，服务顾问要达到以下要求，才能完全胜任服务接待这项工作。

（1）基本要求

①常见故障判断；

②保修政策解释；

③了解并熟练使用维修管理系统；

④熟悉售后业务流程；

⑤了解产品知识及车辆功能操作，熟练驾驶。

（2）素质要求

①良好的服务意识；

②严肃、认真的工作态度；

③沟通及人际交往能力；

④抱怨处理能力；

⑤组织协调能力。

4. 服务顾问工作流程

（1）工作流程的作用

所谓工作流程，就是做事情的顺序，是为完成某一目标和任务而进行的一系列有序活动的集合。当企业发展到一定阶段时，随着处理的事务的增加，部门、岗位自然增加，原先一件简单的事情，变成了需要跨部门、跨岗位来共同完成的事情，所以就要把这些处理事情的步骤、注意事项等，用文字的形式展现出来。为了使表达更直观，于是使用了图形、文字、表格来描述，这就是流程。

服务流程就是企业为客户提供的服务方式，它描述了服务体系发挥作用的方法和次序，以及如何把这些过程联系在一起为车主提供服务体验。好的服务流程能够提高工作效率、提升服务质量。

（2）汽车维修接待工作流程

目前，国内汽车厂家在维修接待流程设置上有许多相同之处，但也存在一定的差别，各具其品牌特色。汽车维修接待工作流程一般可以分为预约、接待问诊、估价制单、过程跟进、结算交车、服务跟踪六个主要环节，如图1-4所示。

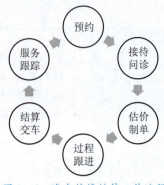

图1-4 汽车维修接待工作流程

素养提升 1-4

工作流程展示的是一种服务方式，体现的是一种服务精神，规范化的工作流程可以有效提高生产效率，减少错误和混乱。请按照标准流程展开工作，养成规范操作的工作习惯。

工作流程的每个环节都为下一环节做了铺垫，每个环节各具功能，相互之间又环环相扣。各环节的具体工作内容描述如表1-5所示。

表1-5 服务顾问工作流程及工作内容

工作流程环节	工作内容
预约	1. 根据企业的客户资料和预约条件，选定客户群，主动预约招揽客户； 2. 接受客户预约，填写预约登记表，并做好预约安排
接待问诊	1. 热情迎接客户，如果是预约客户，应优先予以安排； 2. 对车辆进行内饰、功能检查及环车检查，同时询问车辆的使用情况； 3. 对需要通过路试方可确定的故障车安排路试； 4. 判断要进行的工作是否在质量担保范围之内，并向客户解释发现的问题； 5. 填写预检单，并请客户签字
估价制单	1. 确定维修项目，并进行内部确认，车间是否有工位，备件是否有货； 2. 预估维修费用，预计维修时间，制作维修委托书； 3. 向客户解释维修委托书，并请客户签字； 4. 安顿客户； 5. 与维修车间交接维修手续
过程跟进	1. 跟进维修进度，确保交车时间； 2. 如果发现增补维修项目，及时通知客户，并征得同意； 3. 更新维修委托书，并请客户确认
结算交车	1. 与质检员交接手续，进行内部交车； 2. 整理相关手续，通知客户交车； 3. 陪同客户验车； 4. 制作结算单，向客户解释维修工作和费用； 5. 陪同客户结算； 6. 征询客户满意度评价，目送客户离开

续表

工作流程环节	工作内容
服务跟踪	1. 电话回访客户，了解客户用车情况，解答疑问； 2. 处理客户的抱怨； 3. 对需要返工维修的车辆，安排返工

5. 服务顾问的工作场景及工作职责

（1）预约场景

预约的工作场景如图1-5所示，在预约工作中，服务顾问的职责有：

①做好客户档案的维护工作，按照保养周期，主动致电客户，提醒客户来店保养车辆或参加企业的营销活动；

②做好预约信息登记；

③做好备件、工位、维修技师的确认工作。

（2）接待问诊场景

接待问诊的工作场景如图1-6所示。在接待问诊环节中，服务顾问的职责有：

①礼貌问候客户，确认客户需求；

图1-5 服务顾问正在工作前台进行电话预约

图1-6 服务顾问正在指引客户停车

②对车辆进行环车检查，并记录检查结果；

③对客户进行问诊，并记录客户对故障的描述。

（3）估价制单场景

估价制单的工作场景如图1-7所示。在估价制单环节中，服务顾问的职责有：

①查询备件库存情况，预估维修费用、维修时间；

②将维修方案告知客户，制作派工单，并请客户确认签字；

③安顿客户，确认客户离店还是在休息室等待。

图1-7　服务顾问正在跟客户沟通维修方案

（4）维修过程跟进场景

维修过程跟进的工作场景如图1-8所示。在过程跟进环节中，服务顾问的职责有：

①在车辆维修的过程中，随时关注维修进度，如发现需要增修的项目，及时联系客户，取得客户授权后，方能进行维修；

②车辆在维修完成后，服务顾问要进行交车前的检查工作，确认所有维修项目均已完成，如果发现疑问，可要求试车员试车，对有问题车辆，安排内部返工。

图1-8　服务顾问正在跟客户沟通增修的项目

（5）交车场景

交车的工作场景如图1-9所示。在交车环节中，服务顾问的职责有：

①陪同客户验车，向客户展示所做工作；

②制作结算单，向客户解释费用明细；

③陪同客户结算。

图1-9　服务顾问正在向客户展示已完成的工作

（6）服务跟踪场景

服务跟踪的工作场景与预约类似，都是通过电话与客户进行沟通，如图1-10所示。在服务跟踪环节，服务顾问的职责有：

①对存在遗留问题的客户进行电话回访，了解其车辆使用情况，解答客户疑问；

②处理客户的抱怨、投诉。

图1-10　服务顾问正在电话回访客户

巩固练习

一、单项选择题

1. 如果服务顾问在接待客户的过程中，出现难以解决的问题或接到客户投诉，应及时求助（　　）。

　　A. 总经理　　　　　　　　　　　　B. 服务总监

　　C. 服务经理　　　　　　　　　　　D. 其他同事

2. （　　）环节的工作内容包括对车辆进行内饰、功能检查及环车检查。

　　A. 预约　　　　　　　　　　　　　B. 接待问诊

　　C. 估价制单　　　　　　　　　　　D. 结算交车

3. 在（　　）环节中，要随时关注维修进度，如发现需要增修的项目，及时联系客户，取得客户授权后，方能进行维修。

A. 预约   B. 接待问诊

C. 估价制单   D. 过程跟进

4. （   ）环节中，要陪同客户一起验车，向客户展示所做工作。

A. 预约   B. 接待问诊

C. 估价制单   D. 结算交车

二、多项选择题

1. 以下说法正确的是（   ）。

A. 工作流程就是做事情的顺序

B. 服务流程描述了服务体系发挥作用的方法和次序

C. 好的服务流程能够提高工作效率

D. 服务接待的服务流程是需要跨岗位来完成的

2. 以下工作内容属于接待问诊环节的有（   ）。

A. 确定维修项目

B. 热情迎接客户

C. 对车辆进行环车检查

D. 跟进维修进度

拓展学习

4S 店服务顾问的 KPI 考核

在 4S 店中，服务顾问是连接客户与企业之间的桥梁，服务顾问的工作质量直接影响到客户满意度和企业的售后业绩。为了更好地评估服务顾问的工作表现，企业内部会制定一份 KPI 考核表，主要评估服务顾问在以下几个方面的绩效表现：

1. 客户满意度

服务顾问的主要工作是接待和与客户沟通，因此客户满意度是评估服务顾问工作表现最基本的指标。这部分的 KPI 包括客户评价满意度、客户到店率、客户回头率等，以评估服务顾问在客户服务中表现的优缺点和改进空间。

2. 销售业绩

作为企业的售后代表，服务顾问的销售业绩也是评估其工作表现的重要指标。这部分 KPI 包括销售业绩完成率、新客户转化率、店内平均客单价等，以评估服务顾问的销售技巧和销售潜力，为企业销售业绩做出的贡献。

3. 工作效率

服务顾问的工作效率是影响客户满意度的关键因素之一。这部分 KPI 包括服务顾问接待客户数量、服务顾问处理工单数量、服务顾问处理问题时效等，以评估服务顾问的工作态度和工作效率，直接影响到企业的运营效益。

通过 KPI 考核表的评估，可以帮助服务顾问更好地了解自己的工作表现和改进方向，更好地提升服务质量和企业业绩。

子任务 1.3　提升服务礼仪素养

※建议学时：4 学时

任务下达

现在，陈冬已经对服务顾问岗位有了了解，不过，他认为，作为一名服务人员，不仅要学会工作流程，而且良好的礼仪素养也是必不可少的。那么，在工作中，如何提升礼仪素养呢？

任务工单

详见"学生工作页"任务一　子任务 1.3。

知识链接

素养提升 1-5

　　人无礼则不生，事无礼则不成，国无礼则不宁。礼是一种社会规范和道德准则，日常生活中，礼是修己、待人、接物的根本原则，只有遵守礼法，才有和谐的社会风气。

1. 服务人员的仪容礼仪

服务人员在与客户交往时，留给客户的第一印象非常重要。人的外貌是影响第一印象的最直接最关键的因素。因此，作为服务人员，应规范自己的仪容仪表，给客户留下专业、严谨、有礼有节的良好印象。

对服务人员仪容的基本要求如下：

头发：干净整齐，色泽自然，无头屑、无油汗，不做奇异发型；男性不留长发，女性不留披肩发，发型庄重文雅，刘海不得超过眉毛，不扎马尾，不选用华丽发饰。

眼部：无眼屎，不充血，不斜视；眼镜端正、洁净明亮；不戴墨镜或有色眼镜；女性不画眼影，不用假睫毛。

脸庞：男性把胡子刮干净，女性不戴耳环，鼻毛不外露。

嘴部：牙齿刷干净，无食物残渣，无异味；女性不用深色或艳丽口红。

手：双手保持清洁，指甲修剪整齐，不留长指甲，不涂指甲油，不戴结婚戒指以外的戒指。

2. 服务人员的着装礼仪

莎士比亚曾经说过："一个人的穿着打扮，就是他的教养、品位、地位的最真实的写照。"在日常工作中，服务人员对服装的选择不仅要符合服饰的审美标准，还要符合服饰礼仪的要求。对于服务人员，着装的基本原则就是庄重、简洁、大方。

（1）男士着装规范

服务人员应穿着公司规定的制服，新进人员未分发制服前，应穿着白衬衫配领带。男士着装规范如图1-11所示。

胡须要剃干净 ——

领带紧贴领口，系得美观大方 ——

口袋不放零钱和杂物 ——

领口袖口无污迹 ——

—— 短发，保持头发的清洁、整齐

—— 精神饱满，面带微笑

—— 白色或单色浅色衬衣，无污迹

—— 正确佩戴司徽

—— 上衣口袋不要插入笔，更不要放入其他物品

—— 西装平整、清洁，没有花纹

—— 西裤平整，有裤线

黑色或深色袜子 ——

—— 避免过于豪华或休闲的鞋子，鞋面光亮、无灰尘

图1-11 男士着装规范

（2）女士着装规范

女士着装更应符合庄重、简洁、大方的标准，不能乱穿、不能随意、不能残破，注意整洁。女士着装规范如图1-12所示。

化淡妆，面带微笑 ——

—— 发型文雅、端庄，梳理整齐，长发需挽起梳好

—— 正规服装，大方得体

裙长及膝，不要过长过短 ——

—— 指甲不宜过长，并保持清洁，如涂指甲油，需用自然色

肤色丝袜，无线头、无破洞 ——

—— 鞋跟不要过高、过细，不要有磨损、破裂，避免露脚跟、脚趾

图1-12 女士着装规范

素养提升 1-6

礼仪不仅是一种简单的外在表现形式，更是一种内在的反映，它与人的自身修养密切相关，人们除了注意礼仪的外在表现形式之外，更应该在内在修养方面下功夫。

3. 服务人员的仪态礼仪

（1）站姿

正确的站姿是抬头、目视前方、挺胸直腰、肩平、双臂自然下垂、收腹、双腿并拢直立，如图 1-13 所示。

①男性站姿：双脚平行打开，双手握于小腹前或腹后。

②女性站姿：双脚成"V"字形或"丁"字形，双手交叠握于腹前。

（2）坐姿

入座时要轻，至少坐满椅子的 2/3，上身挺直，谈话时身体稍向前倾，以示尊重。

①男性坐姿：双腿分开与肩同宽。

②女性坐姿：双腿并拢，双脚同时向右或向左。

（3）走姿

走姿是站姿的延续动作，是在站姿的基础上展示人的动态美。走的时候，抬头、目光平视前方，双臂自然下垂，手臂自然摆动，跨步均匀，避免外八字，不要晃动肩膀，不要歪头。

（4）蹲姿

拾取低处的物品时，应一脚在前、一脚在后，女性若着裙装，则下蹲时双腿与膝盖并在一起。

图 1-13 标准站姿

4. 服务人员常用的礼貌用语

服务人员在与客户交往时，要使用礼貌用语，服务人员常用的礼貌用语如表 1-6 所示。

5. 服务人员的介绍礼仪

介绍是与客户沟通的第一步。作为服务顾问，要让客户认识你、记住你，就要学会介绍自己。工作式自我介绍的要素一般包括品牌、经销店、岗位、姓名，如"您好！我是一汽大众龙腾 4S 店服务顾问张文，弓长张，文化的文。"

表 1-6 服务人员常用的礼貌用语

接待场景	礼貌用语	礼貌行为
客户来店时	"您好！" "早上好！" "欢迎光临！"等	马上起立，目视对方，面带微笑，握手或行鞠躬礼
询问客户姓名	"请问您是……" "请问怎么称呼？" "请问您贵姓？"等	确认客户姓名

续表

接待场景	礼貌用语	礼貌行为
客户找人	客户要找的人在时，说："请稍等!" 客户要找的人不在时，说："不好意思，小张今天休息，请问我能帮您吗?"	客户要找的人不在时，询问是否需要帮助，或是留言
指引	"这边请" "您请" "前面右拐下楼，请当心楼梯"	指引时要走在客人左前方两三步处，并在拐弯、上下楼梯时用语言适当提醒
送茶水	"请慢用"	摆放要轻，行礼后退出
送客户离开	"请小心驾驶，祝您一路顺风!"	道别时，招手或行鞠躬礼

为他人做介绍时，有一个基本原则，即位尊者有优先知情权，因此，介绍的顺序应当是：先向客户介绍企业员工，先向年长者介绍年幼者，先向女士介绍男士，先向身份高者介绍身份低者。

6. 服务人员的名片礼仪

名片是服务顾问必备的一种交际工具。在客户进店时，服务顾问要先问候客户，然后做自我介绍，同时将名片递给对方，这样可以更好地介绍自己，建立与客户的联系；或是在送客户离开时拿出名片递给对方，以加深印象，表示保持联络的诚意。递送名片虽体面，但不能滥用，否则会给人留下草率的印象。

名片应放在名片夹内，名片夹不能放在裤兜，应放置在上衣口袋里。递、接名片必须用双手，以示尊重。递名片时，名片正面应对着客户，双手捏住名片上端，方便客户接过，如图1-14所示；接名片时，双手接过，仔细阅读名片上的信息，对于重要信息，可以加以强调和赞美。

图1-14 递、接名片姿势

7. 服务人员的指引礼仪

（1）指引手势

运用手势为客户指示方向时，要用全手掌，食指向下靠拢，拇指向内侧轻轻弯曲。如图1-15所示，手掌要自然伸直，手指自然并拢，腕关节要伸直，手腕与小臂成直线，掌心朝斜上方，以肘关节为轴，弯曲140°左右，手掌与地面呈45°为宜，手臂前伸时，上肢可微微前倾5°~10°，眼神要与手势方向一致。做动作时，手从腹前抬起，至上腹部处，然后以肘关节为轴向右摆动，摆到身体右侧稍前的地方停住。

指示方向，切不可用单个手指。在表示"请"时，应该用右手。

（2）指引礼节

引路时，应走在客人左前方两三步处，引路人走在客户的左侧，让客户走在路中央；服务人员要与客户的步伐保持一致；引路时要注意客户，并在拐弯、上下楼梯时用语言适当提醒。

图 1-15　指引手势

 **应用案例**

修养是一个人的名片

【案例概况】

某大学有一批应届毕业生一共22人，实习时被导师带到国家某部委实验室里参观。全体学生坐在会议室里等待部长的到来。这时有秘书给大家倒水，同学们表情木然地看着她忙活，其中一个还问了句："有冰水吗？天太热了。"秘书回答："抱歉，没有的。"只有一个名叫林然的学生轻声说："谢谢！大热天的，辛苦了。"秘书抬头看了他一眼，满含着惊奇。这时门开了，部长走进来和大家打招呼，不知怎么回事，静悄悄的，没有一个人回应。林然左右看了看，犹犹豫豫地鼓了几下掌，同学们这才稀稀落落地跟着鼓掌，部长挥了挥手说："欢迎同学们到这里来参观。平时这些事一般都由办公室负责接待，因为我和你们的导师是老同学，非常要好，所以这次我亲自来给大家讲一下有关情况。我看同学们好像都没有带笔记本，这样吧，王秘书，请你去拿一些我们实验室印的笔记本，送给同学们作纪念。"接下来，王秘书为每位同学发了笔记本，大家都坐在那里，很随意地用一只手接过递过来的笔记本，只有林然礼貌地站起来，身体微倾，双手接住笔记本恭敬地说了一声："谢谢！"部长闻听此言，对着林然点头微笑。两个月后，在毕业生去向表上，林然的去向栏里赫然写着某部委实验室。其实，在这22名毕业生中，林然的学习成绩最多算是中等。可为什么只有他留了下来。同学们，你们知道吗？

【案例解析】

礼仪就是穿西装打领带递名片吗？这个很快可以学起来，而一个人的修养、风度、人文情怀、从容的内心、丰富的见识、谦逊的态度，这些不是一朝一夕就能够学到的。在现代这个充满竞争的社会中，有礼仪可以为我们增加竞争力，让我们成为最受欢迎的人，无礼节之人则会让别人说不。

8. 电话礼仪

电话是汽车维修服务中使用频率很高的交流工具。打电话时虽不见面，但接打电话的礼节和措辞用语会影响客户对服务人员的评价，进而使客户对服务人员产生某种印象。印象好，客户会多谈几句，很顺利地解决问题；印象不好，客户三言两语就挂机了。因此，作为服务顾问，要具备良好的电话礼仪，这既有利于与对方沟通，也有利于提升企业形象。

（1）接听电话要领

接听电话要领见表1-7。

表1-7 接听电话要领

步骤	操作要点	话术举例
接听	铃响三声内接听； 如果已经响了3声以上，拿起电话后先致歉	"对不起，让您久等了。"
报名称	拿起话筒后，首先问好，报出公司名称、部门名称及自己姓名，然后询问对方姓名	"您好！这里是东风雪铁龙西安龙跃4S店，我是服务顾问陈冬。请问怎么称呼您？"
确认对方需求	使用5W2H技巧进行询问，语气中要体现出希望帮助对方的诚意	"李先生，请问我能为您做些什么？"
倾听	认真倾听对方的描述，中途不要打断； 必要的时候给予简单的引导	
记录	养成左手拿电话，右手做记录的习惯； 使用5W2H技巧，记录下重要信息	
确认	确认记录的信息准确与否，是否有遗漏	"李先生，我再跟您确认一下……"
答复	对对方的问题给予答复	
结束	感谢对方的来电； 等对方挂断之后再挂电话	"感谢您的来电，祝您生活愉快！"

（2）拨打电话要领

拨打电话要领见表1-8。

表1-8 拨打电话要领

步骤	操作要点	话术举例
准备	准备好本次通话的有关资料、记录本、笔； 整理好要说的事情，最好将通话时间限定在3分钟之内； 要避免在清晨、深夜、休息、吃饭的时间拨打电话	
报名称	当对方接起电话时，首先要报出公司名称、部门名称及自己姓名，让对方知道你是谁	"您好！我是东风雪铁龙西安龙跃4S店服务顾问陈冬。"
确认对方	沟通之前确认对方是否是你要找的人； 询问对方是否方便接听电话	"请问您是陕A12×××的车主李明先生吗？" "本次回访需要耽误您几分钟，请问您时间上方便吗？"

续表

步骤	操作要点	话术举例
交代事项	话不要说得太多，简单明了，重点突出即可	
确认	确认对方是否听明白了	
结束谈话	结束谈话时要感谢对方接听电话	"感谢您的耐心接听，祝您生活愉快！再见！"
整理记录	挂断电话之后要反思电话内容，记录下通话结果，以便以后查阅	

（3）接转电话要领

在日常工作中，服务人员为其他人代接电话、代转电话的事情时有发生，接转电话时要注意：

①若对方要找的人在，应马上通知，不要拖延；

②若被找的人不在，应在接电话之初立即告知，并征询对方意见，是否同意你代为转告。例如，"小王今天休息，我能帮到您吗？"或者"小王出去办事了，有什么事情需要我代为转告的吗？"

③对要转达的事项，认真做好记录，包括来电人的姓名、单位、联系方式、时间、事项、是否要求回电、回电时间等基本内容。

 巩固练习

一、单项选择题

1. 女士穿西服套裙时，应（   ）。
   A. 穿短丝袜
   B. 穿彩色丝袜
   C. 光腿
   D. 穿肉色长筒丝袜

2. 在正式场合就座时，身体应占椅面的（   ）左右，于礼最为适当。
   A. 1/2
   B. 1/3
   C. 1
   D. 2/3

3. 与人交谈时，恰当的举止有（   ）。
   A. 架起"二郎腿"
   B. 斜视对方
   C. 以食指点指对方
   D. 身体向对方微微前倾

4. 下列坐姿要点中，不正确的是（   ）。
   A. 轻入座
   B. 雅落座
   C. 快离座
   D. 慢离座

5. 接听电话时，拿起话筒的最佳时机应在铃声响过（   ）之后。
   A. 1 声
   B. 2 声
   C. 3 声
   D. 4 声

6. 在为他人做介绍时，不正确的有（   ）。
   A. 先向年长者介绍年轻者
   B. 先向上级介绍下级
   C. 先向客户介绍员工
   D. 先向女士介绍男士

二、多项选择题

1. 与人交谈时，不恰当的举止有（   ）。

A. 架起"二郎腿"   B. 斜视对方

C. 以食指点指对方   D. 身体向对方微微前倾

2. 下列坐姿要点中，正确的是（   ）。

A. 轻入座   B. 雅落座   C. 快离座   D. 慢离座

三、判断题

1. 男士穿西装时要注意"三一定律"，即鞋子、腰带、袜子应控制在一种颜色，首选黑色。（   ）

2. 在正常情况下，每一次打电话的时间应当控制在3~5分钟。（   ）

3. 穿西装时，也可以穿休闲皮鞋。（   ）

4. 在社交场合中，与女士握手，应该碰到女士手指就立即松开，以示尊重。（   ）

5. 个人在仪容修饰方面，不仅要注意面部清洁，还要保持头发、手部干净无味。（   ）

6. 在正常情况下，打电话的时间应当尽量选择错开吃饭时间和休息时间。（   ）

 拓展学习

社交的空间距离

人在文明社会中与他人交往而产生的关系，其远近亲疏可用界域或距离的大小来衡量。有一个实验，在一间大厅里，有一排椅子，假定两个陌生人先后进入大厅，如果第一个人坐在南端，另一人紧挨第一个人坐下的话，第一个人会本能地移开，与第二个人保持一定的距离。这表明，无论在何种情况下，人体周围都有一个属于自己的空间，人际交往只有在这个允许的空间限度内才会显得自然与安全。

社交距离分为四种：亲密距离、社交距离、礼仪距离和公共距离。

1. 亲密距离

0~0.5米为亲密距离。这是恋人之间、夫妻之间、父母子女之间以及挚爱亲朋之间的交往距离。在公众场合，只有挚爱亲朋才能进入亲密距离这一空间。在大庭广众面前，除了客观上十分拥挤的场合以外，一般异性之间是绝不应进入这一距离的，否则就是对对方的不尊重。

2. 社交距离

0.5~1.5米为社交距离。在这一距离，双方都把手伸直，还有可能相互触及。由于这一距离有较大开放性，亲密朋友、熟人可随意进入这一距离。

3. 礼仪距离

1.5~3米为礼仪距离。人们在这一距离时可以打招呼，如"刘总，好久不见"。这是正式社交场合所采用的距离。采用这一距离主要在于体现交往的正式性和庄重性。在一些领导人、企业老板的办公室里，其办公桌的宽度在2米以上，设计这一宽度的目的之一就在于，领导者与下属谈话时可显示出距离与威严。

4. 公共距离

3米之外为公共距离，处于这一距离的双方只需要点头致意即可，如果大声喊话，是有失礼仪的。

任务二

服务预约

任务导语

　　预约是提高客户满意度及充分发挥企业资源的有效手段，也是汽车售后服务流程的一个重要环节。汽车维修企业在客户来店高峰期常会出现停车位紧张，接待前台人满为患，客户因等待时间过长、不能按时交车、服务要求被简化等情况而产生不满。针对这些问题，汽车维修企业推行了预约服务，使得越来越多的汽车客户接受预约服务，同时也对承担预约服务的员工提出了较高的要求，预约分为主动预约客户和客户主动预约，本任务的实施就是为了提高员工的预约服务技能水平。

任务要求

能力目标	知识目标	素养目标
● 能正确使用电话进行沟通； ● 能通过电话进行有效的客户预约和预约的再次确认； ● 能完成客户预约后的相关准备工作（车间、备件）； ● 能积极推荐预约，建立客户的预约意识，提高预约率	● 预约服务知识； ● 电话使用技巧和标准； ● 预约服务的流程及操作要点	● 培养合理有效利用生产资源的习惯和增强节约的意识； ● 树立服务意识，养成礼貌待人、尊重客户的职业素养

※总学时：8 学时

❀子任务 2.1　主动预约客户

※建议学时：4 学时

任务下达

李明先生，35 岁，在东风雪铁龙西安龙跃 4S 店购买了一辆雪铁龙 C6 2021 款 400THP 舒适版轿车，他平时非常在意车辆的使用和维护，今天上午10点，他接到一个电话，提醒他应该进行车辆的首次保养，为了避免等候时间过长，4S店建议他做一下预约。于是，约定后天早上9：00对车辆进行5 000公里保养。作为服务顾问，请你做好主动预约客户的工作。

任务工单

详见"学生工作页"任务二 子任务2.1。

2.1.1 知识准备

1. 预约服务的目的

（1）为客户提供更优质的服务，提高客户满意度，提升汽车的品牌形象

对客户来说，预约可以享受如下好处：预约来店客户享受服务优先权，合理安排到店维修维护时间，节省非维修等待时间；企业可以预备好维修人员和设备以便提供服务，缩短维修等待时间；服务人员与客户接触的时间充足，更利于沟通和掌握客户需求，确保车辆性能和维修质量；预约服务可减少客户为修车所花费的不必要的精力。

（2）合理利用4S店资源，提高资源利用率和作业效率，为4S店取得更大收益

对企业来说，预约的好处是：提高车辆维护的工作效率，保证交车时间，提高客户满意度；将配件准备、问题分析和人员调配安排在车辆进店之前，从而可以缩短生产周期；充分的准备工作有利于提高4S店的维修维护质量，从而提升信誉和声望，增强竞争力；易于管理，合理安排修理任务和时间，避免人员和设备在高峰期疲劳作业，而其余时间资源无效闲置。

2. 主动预约客户

主动预约客户是由于客户因时间、工作等各种原因不能对自己的车辆及时关注，并且不一定了解车辆何时需要何种保养或修理，这就需要汽车维修企业定期对客户进行电话访问，及时了解车辆的使用状况，提出合理的维修或保养建议，根据客户的时间和汽车维修企业的生产情况进行积极主动的预约安排。

3. 客户对预约的期望

客户往往希望有预约服务，有专人打电话安排客户的预约时间和维修项目，并帮客户落实，缩短车辆维修前的等待时间。

4. 打电话技巧及要点

（1）规范要点

①选择合适的通话时间。通常打电话时段应该选择在上午10：00—11：30、下午2：00—4：00这两个最有绩效的时段。

②当对方拿起电话时，应当有礼貌地称呼对方，亲切问候并自报店名及姓名。

③确认通话对象并征询对方是否方便接听电话，如果对方有急事，则可晚一点儿再拨打过去。

④简洁明了地告知对方此次通话的目的，避免出现重点不突出、现说现想、思维混乱等现象。

⑤结束电话交谈时，一般由打电话的一方提出，然后彼此客气地道别，再挂电话，不可只管自己讲完就挂电话。应等对方挂断电话后，再轻轻地放下电话，以示尊重。

⑥做好必要的准备。在打电话和接听电话的时候，手边准备好纸和笔，做好记录。

（2）肢体语言

①总是面带微笑。不要因为是电话交谈，态度就很随便。态度要认真，就好像对方能看到自己一样。

②端正坐姿。虽说对方看不到自己的姿势，但自己的态度会不自觉地表现在声音上。端正坐姿，手脚不要有过多的小动作，身体略微前倾来接听电话。

③轻拿轻放电话。

2.1.2　操作规范

1. 操作流程

本任务的操作流程可参考图 2 - 1。

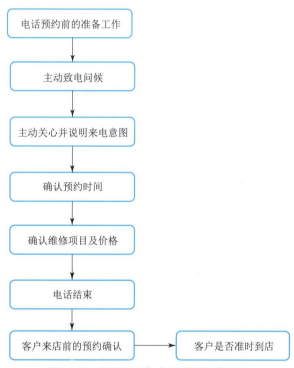

电话预约前的准备工作

↓

主动致电问候

↓

主动关心并说明来电意图

↓

确认预约时间

↓

确认维修项目及价格

↓

电话结束

↓

客户来店前的预约确认 → 客户是否准时到店

图 2 - 1　主动预约客户的电话操作流程

2. 操作内容

（1）电话预约前的准备工作

1）目标客户选定

主动预约客户前需要检查计算机、网络、管理系统是否运行正常；通过维修管理系统的客户信息查询，选定预约的目标客户，包括新车首次保养客户、定期保养客户、久未回厂客户以及配件订货到货客户等。

2）客户及车辆信息的准备

服务顾问根据所选目标客户，熟悉客户的姓名、性别、联系方式、车牌号、车辆型号、购车日期、以往的保养维修情况、车辆需要做何种保养或何种维修等信息。

3）工具准备

服务顾问根据预约工作要求准备好《预约登记单》。

4）汽车维修企业的生产情况准备

服务顾问在主动预约前需要熟知：维修车间是否可以安排工位、维修人员，专业工具、资料是否可用，相应的配件是否有现货或何时到货，以及相应的维修工时费和材料费等。

> **素养提升 2-1**
>
> 机会总是留给有准备的人。机会不是"无缘无故"的，它需要我们有充分的准备才能抓住。没有准备的人，即使机会来了，也未必能够抓住。正如每一次的电话预约，只有做好电话前的预约准备工作，才能赢得客户的满意，才能发现和抓住汽车售后服务项目中的商机。

（2）主动致电问候

服务顾问致电目标客户进行主动预约（以首次保养到期为例）。主动给客户打电话，当客户接起电话时，面带微笑、亲切问候、自我介绍，并确认客户信息。

[示例]

——"您好！请问是李先生吗？我是东风雪铁龙西安龙跃4S店的服务顾问陈冬，您现在说话方便吗？能占用您几分钟时间吗？"

（3）主动关心并说明来电意图

服务顾问在得到客户通话方便的确认后，可询问客户的用车情况，说明来电意图。如果对方有急事，则可晚一点儿再拨打过去。

[示例]

——"李先生，您好！您在我店购买雪铁龙C6 2021款400THP舒适版轿车，在使用上有没有问题？您的车大概行驶了多少千米？

为了更好地保证您的车辆的使用性能，根据您的车辆的使用情况，需要到店做首次保养。您最近有时间吗？我们现在推出了预约服务，有很多优惠政策（简单介绍），您看要不要帮您安排预约服务呢？"

（4）确认预约时间

确认预约时间是在得到客户确认需要保养的答复后，引导客户进行预约时间的确认。

[示例]

——"李先生，您什么时候方便来店呢？本周五是吗？您看上午9点可以吗？我们届时会准备好一切工作恭候您的光临。"

（5）确认维修项目及价格

服务顾问在得到客户确认预约后，可向客户说明本次维修的项目及其价格。

[示例]

——"李先生，您的车辆的首次保养需要更换发动机机油、机油滤清器，同时，还要对车辆相关零部件做检查。李先生，您的车辆的首次保养服务是免费的，保养时间大约需要1个小时，您看还有其他问题吗?"

（6）电话结束

电话结束前，需要对客户表示感谢并礼貌道别。在等客户挂断电话后，再轻轻放下听筒，结束通话。

[示例]

——"好的，李先生（女士），感谢您对我们工作的支持，如果您有什么问题，请随时与我们联系。我们将恭候您的光临。再见!"

（7）客户来店前的预约确认

预约客户到店前一天与客户确认预约状况，可以先发短信提醒，再打电话进行确认。

[短信内容示例]

——"温馨提示：尊敬的李明先生，您已预约××日早上9：00来本店对车辆进行5 000公里保养，维修时间约为1小时。我们恭候您的来临，如能准时来店，请短信回复'确认'，谢谢! 东风雪铁龙西安龙跃4S店服务顾问陈冬，店面地址：西安市经济技术开发区19号；联系电话029－86×××××，135×××××××。"

当发完短信后，如果客户没有回复，可以再次致电预约客户。

[电话内容示例]

——"您好! 李先生，我是东风雪铁龙西安龙跃4S店的服务顾问陈冬，您现在说话方便吗? 此次来电是提示您预约××日早上9：00来本店做5 000公里保养，为车辆的首次保养，请问您能准时来店吗?"

如果客户表示能准时来店，可以在电话中回复："非常感谢您的支持，我们将在××日上午恭候您的到来，祝您工作愉快，谢谢!"如果客户不能准时到店，可以根据汽车维修企业的生产情况及已预约客户的情况，询问客户："那您看后天下午2：00方便吗?"或是"那您看后天什么时间方便呢?"

（8）客户是否准时到店

客户电话预约后的到店情况，可分为客户准时到店和未准时到店两种；客户未准时到店，又可分为客户提前来店、延时来店和未能来店三种情况。因此，因根据4S店当时的实际生产情况合理安排，并及时告知客户时间的变动情况，如新的维修时间和交车时间；对于未能来店的客户，提醒客户下一次预约一定要准时到店，可安排重新预约。

2.1.3　工具使用

1. 预约登记单的含义

预约登记单，是客户与维修企业之间口头约定的一份文件，也是提前合理安排客户车辆维修保养的重要依据。服务顾问必须认真填写预约登记单，与客户预约好之后，应当及时做好记录汇总。表 2-1 是某企业的预约登记单。

表 2-1 预约登记单

编号：　　　　　　　　　　　　　　　　　预约登记时间：　　　年　　月　　日

客户姓名：	车牌号：	车型：		行驶里程：
联系电话：	预约服务顾问：	预约维修类型：维修□　保养□　返修□　疑难故障□		
预约日期：	预约时间：	偏好的联系方式：手机□　座机□　短信□　其他□		
预计交车时间：	客户是否需要替代车辆：是□　否□	是否是返修或抱怨客户：　是□　否□		

客户描述及要求：

上次维修建议及未处理项目：

预约维修内容	工时费用	所需备件	价格	备件状况

备　注：

是否参加服务活动：　　　　　是□　否□	是否提前确认：　72H□　24H□　1H□
预约所需配件是否有库存：　　是□　否□	预约所需维修技师是否已准备：　是□　否□
客户主动取消预约：　　　　　是□　否□	客户是否准时到店：　　　　　是□　否□
预约时间是否改变：　　　　　是□　否□	客户是否重新预约：　　　　　是□　否□
客户新预约的时间：　年　月　日　时　分	公司未能执行预约的原因：

服务顾问签名：　　　　备件管理员签名：　　　　车间主任签名：　　　　服务经理签名：

2. 预约登记单的重要性

预约登记单的重要性主要表现在以下几个方面：

①它记录了服务顾问与客户之间预约好的详细情况，以便有据可查；

②服务顾问将客户预约要求详细地进行记录，可以提前安排确认维修技师及车间工位，以便客户到店时更快地安排车辆维护，提高工作效率，缩短客户等待时间；

③它可以帮助服务顾问更快地完成预检单和维修委托书。

3. 预约登记单的主要内容与信息填写

预约登记单的主要内容及填写注意事项如下所述：

（1）客户基本信息

包括客户姓名、联系方式。

（2）车辆基本信息

包括车牌号、车辆型号。

（3）行驶里程

服务顾问要认真记录客户车辆的行驶里程数，并能在电话里再次与客户确认具体数值。

（4）预约时间

服务顾问要准确记录预约时间，最好精确到具体时刻，并能在电话里再次与客户确认。

（5）预计交车时间

服务顾问要准确记录预计交车时间，最好精确到具体时刻，并能在电话里再次与客户确认。

（6）客户描述及要求

服务顾问在电话里要倾听客户的需求，详细而准确地记录客户的描述，以便客户到店后合理安排维修技师进行故障确诊和维护，并且满足客户的其他需求。

（7）上次维修建议及未处理项目

通过维修管理系统查询及客户信息确认，如果有上一次维修建议及未处理的项目，要在预约登记单上如实记录，并询问客户是否继续维修，以便确认本次前来维修的项目及价格。

（8）备件及维修人员的确认

在预约登记单中，需要确认填写客户预约维修项目所需备件的库存情况及价格信息，并及时电话告知客户；还需确认工位及维修人员的安排情况，确认后，需相关部门人员签字确认。

（9）客户来店前的预约确认

在预约登记表中，需确认是否提前对客户进行电话提醒，对预约进一步确认，如果由于其他特殊原因客户不能来的，还应与客户重新预约，确定时间并做好记录。

 巩固练习

一、单项选择题

1. 汽车维修预约服务分为主动预约客户和（　　　）。

    A. 客户主动预约　　B. 接待问诊　　　　　C. 预约登记　　　　　D. 预约跟进

2. 根据客户电话预约后的到店情况，对于未能到店的客户，提醒客户下一次预约一定要准时到店，可安排（　　）。

    A. 优先预约   B. 重新预约   C. 优先维修   D. 折扣优惠

3. （　　）是客户与维修企业之间口头约定的一份文件，也是提前合理安排客户车辆维修保养的重要依据。

    A. 车辆预检单   B. 车辆维修工单   C. 维修质检表   D. 预约登记单

二、多项选择题

1. 汽车维修预约服务的目的是（　　）。

    A. 提高客户满意度   B. 提升汽车的品牌形象

    C. 提高汽车企业资源利用率   C. 提高汽车维修作业效率

2. 在主动预约客户时，应选择（　　）的通话时段进行电话预约。

    A. 10：00—11：30   A. 12：00—14：00

    B. 14：00—16：00   C. 18：00—19：00

3. 汽车服务顾问在主动预约前需要熟知（　　）。

    A. 维修车间工位的使用情况   B. 专业工具、资料的可用情况

    C. 相应的维修配件库存情况   D. 相应的维修工时费和材料费

三、判断题

1. 客户希望有预约服务，有专人打电话来并安排预约时间和维修项目，缩短汽车维修前的等待时间。（　　）

2. 汽车服务顾问应该在预约日的前一天致电提醒客户。（　　）

3. 客户电话预约后未准时到店，又可分为客户提前来店、延时来店和未能来店三种情况。（　　）

 拓展学习

打电话注意事项

在打预约电话时，尊重对方，礼貌热情，会给对方留下良好的印象。通话应选择恰当的时间，无紧急情况，一般白天应在8点以后（假日在9点以后），夜间则在21点以前，不应在中午打电话，以免打搅他人休息。一般通话时间以3~5分钟为宜，尽量提高通话效率，减少占用时间。

使用电话应做好充分的准备。通话以前，应对谈话内容与目的做到胸有成竹、有的放矢，避免词不达意、结结巴巴地通话；电话机旁应备有笔和记事簿，以免需要记录时忙乱而耽搁对方的时间。

当给客户打电话时，应记准电话号码，以免打错。假如拨错号码，应礼貌地向对方道歉，不可随手挂机。拨通后，首先应说"您好！"然后迅速通报自己的单位，必要时还应报上自己的姓名；再告诉接电话的人你要找的是谁："请麻烦您找一下××先生听电话，谢谢！"如对方答应找人后，应手持听筒静候，不要在此时离开或做其他的事。对方告诉你要找的人不在时，不可当即挂断，而应当说"谢谢，打搅您了！"或请对方帮助传达："假如可以的话，能不能麻烦您转告他……"等。若对方答应你的请求，应表示感谢；假如要找的人接电话，应先致以简短的礼貌问候，而后进入正式谈话。

✳ 子任务 2.2 客户主动预约

※建议学时：4学时

 任务下达

李明先生，35岁，拥有一辆雪铁龙C6 2021款400THP舒适版轿车，他平时非常在意车辆的使用和维护，该车辆已经行驶了29 800公里，经过上次的预约服务，他发现好处挺多，于是今天上午9点，他向东风雪铁龙西安龙跃4S店打电话进行预约，想在明天早上10：00对车辆进行30 000公里保养。作为服务顾问，请你做好客户主动预约的工作。

 任务工单

详见"学生工作页"任务二 子任务2.2。

2.2.1 知识准备

1. 客户主动预约

客户主动预约是客户认识到自己的车辆需要保养或车辆发生故障需要修理时，给汽车维修企业打电话进行预约，预订好时间、工位和配件，以便进厂之后迅速进行维修作业，节约自己的时间。

2. 客户主动预约的期望

客户往往会这么想：预约对我有什么好处？怎样才能减少在汽车维修企业的等待时间？汽车维修企业能否保证方便、快捷、专业的服务，能否以我想要的时间安排预约？所以，服务顾问要做好预约服务，需要及时准确地了解客户的这些期望。

3. 接电话的技巧及要点

（1）规范要点

①当有来电时，应在电话铃响三声内接听，亲切问候并自报店名及姓名。

②明确此次客户致电的详细原因及目的，以便给出客户最满意的答复。

③询问客户称谓，并始终使用尊称。

④记录谈话过程中的要点，并与客户确认记录的内容。

⑤与客户确认需求点是否全面，防止遗漏或者是记录偏差，并且询问客户有无其他需求。

⑥通话结束前，需主动询问并确认客户的姓名和联系方式，并在结束通话时，向顾客礼貌道别。

⑦总是以亲切和蔼的态度和令人愉快的声音与客户沟通。

（2）肢体语言

①坐姿正确，面带微笑。

②接电话时，左手持听筒，右手记录。

③轻拿轻放电话。

2.2.2 操作规范

1. 操作流程

本任务的操作流程可参考图2-2。

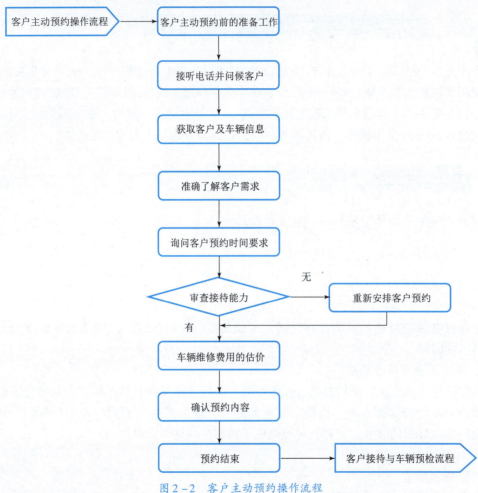

图2-2 客户主动预约操作流程

2. 操作内容

（1）客户主动预约前的准备工作

1）客户资料的准备

因为服务顾问不知客户什么时候会主动预约，所以，在客户主动预约前，服务顾问平时就需要检查计算机、网络、管理系统是否运行正常；通过维修管理系统的客户信息查询，了解近一周（近期某一时间）车辆到维修期的客户信息，或近三天内已预约的客户信息，包括数量、到店时间、维修保养项目等。

2）单据的准备

服务顾问根据预约工作要求准备好《预约登记单》和《预约维修管理看板》。

3）汽车维修企业的生产情况准备

服务顾问在客户主动预约前需要熟知：维修车间是否可以安排工位、维修人员，专业工具、资料是否可用，相应的配件是否有现货或何时到货，以及相应的维修工时费和材料费等。

（2）接听电话并问候客户

客户主动预约时，在电话铃响三声内接起电话，面带微笑、吐字清晰、亲切问候客户，并自报店名及姓名。

[示例]

——"您好！欢迎致电东风雪铁龙西安龙跃4S店，我是本店的服务顾问陈冬，很高兴为您服务。"

在接听电话时，注意不要让电话铃声响超过三次，若超过三次，接起电话时应首先向客户表示歉意。

[示例]

——"您好！很抱歉，让您久等了！（感谢您的耐心等待！）欢迎致电东风雪铁龙西安龙跃4S店，我是本店的服务顾问陈冬，很高兴为您服务。"

（3）获取客户及车辆信息

①客户提出维修保养预约，服务顾问应仔细倾听并做好记录，之后复述客户要求并确认。

[示例]

——"李先生，您想给车辆做个保养是吗？那么，我想向您了解一下具体情况，好给您做一个预约登记，请问您现在时间上方便吗？"

②客户表示有时间继续进行电话交流后，服务顾问开始询问客户的姓名、联系电话、车型、车牌号等信息。

[示例]

——"那么，请您先告诉我您的姓名和车牌号，我来准备您的预约登记信息，您看可以吗？（同时拿起笔，摆好预约登记单，准备记录。）"

③当客户说出自己的名字和车牌号时，服务顾问将其详细地记录下来，之后向客户复述并确认。

[示例]

——"明白了，李明先生，车牌号是陕A12×××，对吗？"

④在得到客户确认后，请客户稍等，迅速进入维修管理系统，调出并查看客户资料。进一步确认客户信息，以保持档案记录的准确性。

[示例]

——"好的，谢谢您！请您稍等片刻好吗？我查看一下您的车辆资料。"

若有此客户信息，则将听筒轻轻放下，如果有等待键，则按下等待键。看完客户相关资料后，拿起听筒向客户描述信息。

[示例]

——"让您久等了，您是（详细地址）李明先生吧，您是于××××年××月××日在我店购买的雪铁龙C6 2021款400THP舒适版轿车，您的联系方式是139×××××××，对吗？"

若无此客户信息，将听筒轻轻放下，准备好预约登记单和笔，以便记录信息，同时拿起听筒。

[示例]

——"让您久等了。很抱歉，李先生，您的车辆之前没有到我店进行过维修保养，所以在您来我店时，请带上您的行驶证、驾驶执照和您的保修手册。另外，请问您的电话号码是多少？您的车辆型号是什么？"

（4）准确了解客户需求

①仔细听取客户的想法，如果客户反映有故障，需要通过专业的提问了解问题的详细情况并做好记录，确定客户需求。

[示例]

——"李先生，您的车辆现在行驶了多少公里？目前，在车辆使用方面有没有遇到其他问题？无论是什么方面的问题，都可以告诉我。"

客户一般的需求可以分为以下4类：

A类：保养（首次保养、定期保养）；

B类：快修服务和较易判断故障原因的一般性维修；

C类：较难判断故障原因的和维修时间较长的（如电器、电路故障，总成维修等）；

D类：对车辆行驶和使用感觉不理想，或由于前次维修处理不当（包括客户不理解因素），需返修而产生抱怨的。

②使用预约登记单，将问题或维修的要求记录下来。

对A类情况，对保养要求进行记录；

[示例]

——"好的，29 800公里，对吗？李先生，根据您的车辆的行驶里程，这次您应该做30 000公里的保养。同时，您还希望对车辆进行一下检查，有其他要求吗？"

对B类情况，确定需要修理或更换的零部件；

对C类情况，详细询问客户，以了解问题的本质（故障现象描述）；如问题较复杂，提醒客户来店诊断或路试，并将车辆故障现象及时转告技术专家；

对D类情况，应立即向客户道歉，邀约客户尽快到店检查。

[示例]

——"对不起，给您添麻烦了，您反映的问题，我已做了记录，希望您尽快到我店，我们会对车辆做进一步检查。"

　　（5）询问客户预约时间要求

　　①询问客户打算什么时间来店进行车辆维护服务。

[示例]

　　——"那么，李先生，请问您希望在哪一天的哪个时间段做这个 30 000 公里的保养呢？"

　　当客户回答了自己希望的维护时间后，复述客户的要求并确认。

[示例]

　　——"明白了，明天上午 10 点左右，对吧？这个时间我们店还没有安排预约，那就给您安排在明天上午 10 点，您到时可以来我们店，是吗？"

　　如果客户要求的维修保养时间 4S 店无法满足，服务顾问应向客户说明并马上建议其他日期和时间，直到提出客户方便的时间为止。

[示例]

　　——"很抱歉，这个时间已经被预约满了，您看您在明天下午 4 点或后天上午 10 点这两个时段中选择一个时段可以吗？届时我们将优先安排您的车辆保养作业。"

　　②温馨说明作业时间。

　　服务顾问在确认时间后对客户表示感谢，向客户说明维修保养所需时间并确认客户是否在店内等待车辆完工，或者是否需要接送服务等。（根据 4S 店自身条件决定。）

[示例]

　　——"谢谢！如无其他问题的话，您这次的服务，我们除了按规定要求做车辆保养外，还将对车辆进行全面质量检查，同时还需对车辆进行清洗、清洁，至少需要一个半小时，您在时间上方便吗？那您是否在店内等待车辆完工呢？您是否需要代步车或者接送服务？"

　　（6）车辆维修费用的估价

　　①按汽车维修企业已公布出来的维修保养价目表向客户估报维修费用。

　　当确认客户是否在店等候车辆竣工后，服务顾问应根据价目表向客户做本次维护的报价说明，并说明维护时可能会出现追加项目。

[示例]

——"这次保养的项目较多，需要对车辆的机油、机油滤清器、空气滤清器、空调滤清器、汽油滤清器、火花塞、碳罐滤清器、冷却液和制动液进行更换，同时，还要对车辆的相关零部件进行检查和调整。材料费是 1 257 元，维修工时费是 800 元，总共需要 2 057 元。李先生，这仅仅是个估算，我们到时候根据维护检查情况，有可能需要进行其他的追加维修，等您来店后，我们对车辆做一个全面的检查，再给您详细的报价，您看可以吗？"

②如果当时有不容易进行估算的项目，告诉客户到店进行诊断后再予以报价。

③对在电话中不易回答（包括不便回答）或需经请示才能确定的问题，应委婉地请客户予以谅解，并告诉客户稍后会在最短的时间内给予回复。

（7）确认预约内容

在本次预约结束前或再次给客户去电话联系时，应进一步确认客户的姓名、电话号码、车型、车牌号、维修项目、具体的来店日期和时间，并尽量满足客户期望的预约时间。

[示例]

——"李先生，我来确认一下：您的电话是 139×××××××；您的车型是雪铁龙 C6 2021 款 400THP 舒适版，您的车牌号是陕 A12×××，您预约的时间是明天上午 10 点，对车辆做一个 30 000 公里的保养，同时再对车辆做一下检查，是这样吗？"

客户确认预约信息后，还需要确认客户是否能够准时到达。

[示例]

——"王先生，我们将为您把维修工位预留到明天上午 10 点，希望您能在这个时间前来我店，好吗？"

针对至少提前一天通知客户的问题征求客户意见，并询问客户方便的联系时间。

[示例]

——"另外，我们在预约时间前一天再给您打电话确认，您看在什么时候给您打电话方便呢？"

（8）预约结束

①电话结束。

服务顾问与客户结束电话预约时，向客户致谢，并且等客户挂断电话后，再将电话轻轻放下。

[示例]

——"好的，李先生，感谢您的来电，我叫陈冬，已经受理了您的预约，如果您有什么问题，请随时与我们联系，我们将恭候您的光临。再次感谢您致电预约，祝您生活愉快，再见！"

②填写预约登记单，其中的各个项目要详细填写，笔迹清楚，在填写客户电话号码时，要注意是公司电话还是住宅电话；对返修客户和投诉客户要特别标出。

③确定备件是否有库存。如果备件没有库存，查询可能的送货日期，并通知客户备件何时才能有。同时要求备件部订购必要零配件。

④如果预约内容是返修或客户抱怨，应预先向服务经理报告并要求服务经理在接待时间参与和客户的沟通。

⑤如果预约内容是返修项目，需要诊断或需要车间主管（技术人员）路试检查，服务顾问要联系车间主管并告知情况，使其能提前做好准备工作。

⑥根据预约登记单填写完成预约维修管理看板。

2.2.3 工具使用

1. 预约登记单

预约登记单的详细说明及表单样式请查看子任务 2.1 中的工具使用及表 2-1。

2. 预约维修管理看板

预约维修管理看板（见表 2-2），是提醒车间管理人员及维修人员及时了解当日预约车辆所需维修保养的项目和来店时间等信息的看板，以便车间能合理安排每个工位的维修任务和进度，确保按时完成。

表 2-2 预约维修管理看板

序号	客户姓名	预约来店时间	车型	车牌号	工位	预约项目	维修班组	预交车时间
1								
2								
3								
4								
5								
6								
7								
8								
9								
10								
11								
12								
13								
14								
15								

巩固练习

一、单项选择题

1. 接听用户来电，服务顾问应在电话响（　　）以内接电话，面带微笑，吐字清楚，亲切问候并自报店名和姓名，以表示对客户的尊重。

　　A. 5 声　　　　　　　　B. 4 声　　　　　　　　C. 3 声　　　　　　　　D. 2 声

2. 当服务顾问在与客户在电话中交谈时，部门经理突然让他到办公室去处理问题，这时应该（　　）。

　　A. 放下电话就去　　　　　　　　　　　B. 让客户稍等

　　C. 让经理稍等　　　　　　　　　　　　D. 让客人放下电话，稍后回话

3. 如果客户主动预约的内容是车辆返修项目并有抱怨情绪，应预先向（　　）报告并要求其在接待时参与客户的沟通，并联系（　　）并告知情况，使其能提前做好准备工作。

　　A. 服务经理　车间主管　　　　　　　B. 服务经理　服务经理

　　C. 车间主管　车间主管　　　　　　　D. 车间主管　服务经理

二、多项选择题

1. 在与客户电话预约结束前，需再次确认车辆维修预约的信息有（　　）。

　　A. 姓名与联系电话　　　　　　　　　B. 车型与车牌号

　　C. 维修项目　　　　　　　　　　　　D. 预约到店时间

2. 以下工作内容属于客户主动预约环节的有（　　）。

　　A. 热情迎接客户　　　　　　　　　　B. 准确了解客户需求

　　C. 获取客户与车辆信息　　　　　　　D. 车辆维修费用的估价

3. 客户主动预约时，一般对车辆维修的需求有（　　）。

　　A. 保养（首次保养、定期保养）

　　B. 快修服务和较易判断故障原因的一般性维修

　　C. 较难判断故障原因和维修时间较长的，如电器、电路故障或总成维修等

　　D. 对车辆行驶和使用感觉不理想，或由于前次维修处理不当（包括客户不理解因素），需返修而产生抱怨的

三、判断题

1. 客户主动预约已经做了预诊断，汽车维修企业不用预先订购没有库存的配件，因为客户可能改变想法，而且可能不会将车送来。（　　）

2. 客户主动预约可以减少客户维修车辆等待时间，也便于汽车维修企业合理安排工作。（　　）

3. 如果客户要求的维修保养时间 4S 店无法满足，服务顾问应向客户说明并马上建议其他日期和时间，直到提出客户方便的时间为止。（　　）

拓展学习

汽车 4S 店售后服务客户分类

汽车 4S 店售后服务客户分类，是指将汽车 4S 店售后服务根据服务的客户群体特征或

需求，如客户使用车型、客户职业、车辆维修项目等，划分为不同的客户集体的过程，属于同一客户集合的客户群体，在某些方面彼此相同或相似。汽车4S店基于对客户进行分类管理，依据自身有限的资源，为不同的客户提供有目的性和个性化的服务，从而有效提高客户的满意度和汽车4S店的资源使用效率，下面简述客户分类管理的几种方法：

1. 按车辆用途分类

（1）私家车客户

此类客户在消费时，对质量和价格非常敏感，希望得到清晰的服务，同时也希望在情感方面得到汽车维修企业服务顾问的理解与尊重，汽车维修企业的创新服务形式和提供个性化的服务是赢得此类客户的关键。

（2）公务车客户

此类客户对车辆维修质量的关注度是最高的，同时，对于服务环境、服务享受、服务礼仪等方面也比较在意；细致的维修作业、严格的质量检验、多项的车辆检测、紧密的私人交往等是对待此类客户必不可少的方法。

（3）营运车客户

此类客户对汽车售后服务的价格、时间、效率非常重视。对此类客户的服务应体现在快速和适当的价格上，在维修过程的交接上要压缩时间，在维修质量上要加强关注，在价格上要适当给予优惠。

2. 按售后作业项目分类

（1）首次保养客户

此类客户都是新车销售客户，在售后管理系统中有明确的分类，客户属于蜜月期，对品牌和汽车4S店的新鲜感和依赖性较强，对于车辆和品牌有着超出一般客户的喜爱和信心，对汽车4S店有着很好的信任；对于此类客户，汽车4S店服务顾问在新车回访时要及时，态度要积极，在客户之间建立起良好的开端，同时，首保提醒要跟进，持续到客户进店为止。

（2）定期保养客户

在汽车售后管理系统中，在提醒客户车辆到期保养方面，根据保养时间和下一次保养里程，服务顾问可以查询客户档案，每月底整理到期保养客户群体的档案，由服务顾问跟踪维护，邀约进店保养，完善客户进店资料，确保客户车辆保养能够按照规定的时间和公里数完成。

（3）一般维修客户

在汽车售后管理系统中，一般维修的客户清单也是可以识别出来，只要根据上月进店信息就可以识别客户群体的档案；服务顾问需要坚持做好日常的客户管理和跟进，及时邀约客户进店维修。

（4）较难维修客户（事故车）

当遇到较难判断故障原因和维修时间较长的客户车辆时，需要服务顾问详细询问客户，以了解车辆问题的本质；如问题较复杂，提醒客户来店诊断或路试，并将车辆故障现象及时转告技术专家。对车辆行驶和使用感觉不理想，或由于前次维修处理不当，需返修而产生抱怨的客户，应立即向客户道歉，邀约客户尽快到店检查。

3. 按客户所在区域分类

（1）市区内客户

客户距离汽车4S店较近，相对进店的次数较多，各项厂家的服务活动和汽车4S店组织的活动，均能参与，相对忠诚度较高；这类客户需要4S店重点维护，可通过市区内的免费救援、店头活动、组织自驾游、爱车讲堂和年底的答谢晚宴等活动，以稳定客户，让客户产生依靠4S店的习惯。

（2）县城内客户

客户距离汽车4S店相对较远，一般保养和小的维修不会进店，服务活动参与较低，忠诚度相对较低。面对此类客户，4S店要建立服务网点，完善服务网点的硬件和软件，网点的服务活动要与总部保持一致，才能让此类客户不会轻易流失。

（3）乡镇客户

客户所处地区距离汽车4S店相对偏远，对服务的要求相对偏低，成本意识较高，一般不会进店做保养和维修，偏重于社会修理厂。汽车4S店可以采取服务下乡、上门服务、优惠政策等来吸引客户，避免客户流失。

任务三

客户接待与车辆预检

任务导语

这一任务的下达，意味着服务顾问的工作进入实质阶段。在这一任务中，服务顾问要完成客户接待、问诊、确认需求以及车辆预检等主要工作。这是售后部门与客户的首次见面，企业必须抓住这一时机，通过热情的接待、专业的问诊以及细致的环车检查，给客户留下良好的第一印象，树立专业、周到的售后品牌形象。

任务要求

能力目标	知识目标	素养目标
● 能完成接待前的准备工作； ● 能按照服务礼仪要求规范完成客户的进店接待工作； ● 会对车辆进行环车检查； ● 会进行简单的故障问诊； ● 会使用预检单	● 舒适区的含义； ● 第一印象的重要性； ● 环车检查的目的； ● 问诊的重要性	● 增强安全意识和自我防护能力； ● 培养规范操作的意识、实事求是的态度； ● 培养合作意识和沟通能力，树立爱岗敬业、以人为本的职业精神

※总学时：8学时

❈子任务3.1 客户接待与车辆预检

※建议学时：4学时

接待预检
操作示范

任务下达

服务顾问每天都要和形形色色的客户打交道，要面对各种各样的车辆故障，而前来维修的客户似乎没有几个好脸色，今天，东风雪铁龙西安龙跃4S店售后接待区来了一位客户——李明先生，他驾驶自己的雪铁龙 C6 2021 款 400THP 舒适版轿车来店做保养，目前车辆行驶了 29 800 公里，根据保养手册的提示，李先生想要给车做保养，请你以服务顾问的身份做好客户接待工作。

任务工单

详见"学生工作页"任务三 子任务 3.1。

3.1.1 知识准备

1. 舒适区

在日常生活中，做一些自己每天都做的事情时，我们感到毫无压力，回到自己家里，我们会感到很舒适。这是因为这些事和空间是我们所熟知的，我们称这些自己熟知的事情和空间是我们的舒适区，如图 3-1 所示。在自己的舒适区内，人会感觉到很放松；相反，在舒适区外时，人会有一种不确定、未知的感觉。比如去别人家做客，我们就会感到拘谨，因为自己的家里是自己的舒适区，别人的家是别人的舒适区，所以我们会感到不适。

图 3-1 舒适区理论

客户首次进入售后接待区，没有熟悉或认识的人，对环境也感觉陌生，因此很可能会产生焦虑情绪，在与服务人员（顾问）还未建立信任关系时，客户会担心费用高，担心维修质量差，担心服务人员态度不好等，此时客户处于担心区内。所以，从客户的角度考虑，服务人员需要通过自己热情的服务，让客户产生信任，尽快将接待大厅变成客户的舒适区，让客户放松下来，而不要自我暗示这里是我的地盘，不考虑客户的感受。

2. 第一印象

人与人在第一次交往中留下的印象，会在对方的头脑中形成并占据着主导地位，这种现象在心理学上叫首因效应，也叫第一印象效应。第一印象作用最强，持续的时间也很长，比以后得到的信息对于事物整个印象产生的作用更强。虽说第一印象是片面的、肤浅的感性认识，但在生活节奏飞快的现代社会，很少有人有时间或愿意花时间去了解、证实一个人。因此，服务人员在社会交际活动中，可以利用这种首因效应，给客户展示一种良好的形象，融洽与客户的关系。

实验证明，第一印象在短短几秒钟内就形成了，它主要取决于一个人的仪容仪表、言谈举止等外部特征。接待客户是服务人员提供服务的第一步，在这一步骤中，特别需要树立良好的第一印象，并且在服务接待上做好充足的准备。据调查显示，很多客户的不满和抱怨，往往并不是服务质量出现什么问题，也并非服务人员有什么做得不到位的地方，而是服务人员在接待阶段没有留下良好的第一印象，没有针对客户在信息、环境和情感方面的需求做好充足的准备。因此，服务人员一定要把握与客户初次见面的短暂机会，为自己创造一个良好的第一印象，为以后的交流打下良好的基础。

3. 环车检查

服务顾问在问清客户来意后，就要进入环车检查环节。简单地说，环车检查就是从驾驶室开始，对车辆内部、左侧、前方、右侧、后方进行功能、外观、配件等方面的检查。

如果车辆行驶达到 3 万公里以上或客户反映有漏油、异响等现象，还需要在预检工位将车举起来，检查车辆底盘，如轮胎磨损状况、车辆减震器状况、弹簧状况、制动片状况及排气管状况，这些都是可从外观上发现的问题，如有损伤，则建议客户维修。

环车检查是服务顾问最重要的工作之一，环车检查的目的是：

①与客户共同确认问题并记录车辆情况，帮助客户了解自己车辆的基本情况；

②保证客户在取车时车辆情况（除维修部分）与之前保持一致，有效减少后期交车时可能出现的争议，避免对企业不利的索赔；

③发现客户没有察觉的维修需要，为企业创造利润。

3.1.2 操作规范

1. 操作流程

本任务的操作流程可参考图 3-2。

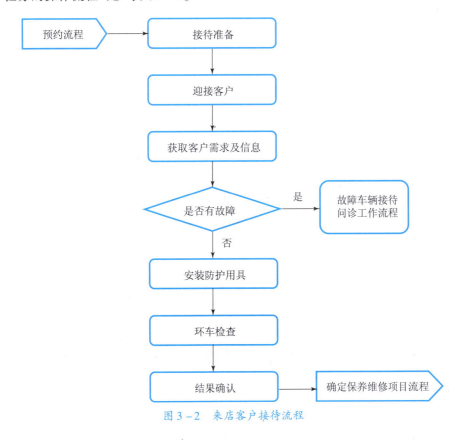

图 3-2 来店客户接待流程

2. 操作内容

（1）接待准备

要提升服务质量，提高工作效率，服务顾问需要在接待客户之前预先做好准备工作。

1）个人准备

面对镜子，检查个人仪容、仪表、仪态，确保接待客户时着装整洁规范、面部精神饱满、举止得体。

2）工具准备

检查所有工作单据是否齐全；检查计算机、网络、管理系统是否运行正常；检查电话是否正常；整理防护五件套（脚垫、座椅套、方向盘套、挡杆套、手刹套）。

3）客户资料准备

查看、整理客户预约登记单，更新当天预约欢迎板内容，提前一小时与预约当日来店客户电话联系，确认客户具体来店时间，如果确认预约客户能够如期而来，可提前准备好预检单，以节省接待中的洽谈时间。

[示例]

——"李先生，您好！我是东风雪铁龙西安龙悦4S店的服务顾问小陈，打扰您了。您预约过今天上午九点半来给车辆做30 000公里的保养，我想和您确认一下，您的时间有变化吗?"

4）环境准备

检查维修出入口、服务接待区、接待前台的卫生，如果客户休息室没有专人管理，服务顾问还需检查客户休息室的各项设施，检查报纸杂志的更新及摆放情况，检查饮水机、水杯，检查温度、灯光等各项设置，确保现场服务环境干净整洁，提升品牌服务形象。

（2）迎接客户

客户进店时，要迅速出迎，并引导客户停车；主动为客户开启车门，亲切、热情地问候客户，进行简短的自我介绍，并递送名片。

[示例]

——"××先生，上午好！我有什么能为您服务的?"

——"李明先生，您好！我就是跟您电话预约的服务顾问陈冬，欢迎您来店维修车辆。"

——"先生，您好！我是东风雪铁龙西安龙悦4S店的服务顾问，我叫陈冬，您叫我小陈好了，请问怎么称呼您?"

（3）获取客户需求及信息

1）获取客户需求

询问客户用车需求，有的客户来店是做保养，有的客户是做维修，还有的客户是需要售前服务的，服务顾问要根据客户的需求情况提供相应的服务。如果客户的车辆出现故障，要了解出现故障的详细情况，并如实记录在维修前预检单中。

[示例]

——"您好！请问您是做保养还是维修?"

——"您好！李先生，除了保养，您的车在行驶中还有其他问题吗?"

2）获取客户信息

在车辆维修的过程中，遇到特殊情况，需要随时与客户取得联系，因此在接待时要获取客户的基本信息，包括送修人姓名和联系电话，另外，还要登记车辆的基本信息，包括车牌号、车辆行驶里程、车辆 VIN（车辆识别码）等。

[示例]

——"李先生，您好！请问您姓名的全称是……您的联系电话是……我现在来给您的车辆做一个信息登记，麻烦将您的保养手册出示一下。"

（4）安装防护用具

在初步了解客户需求之后，如果判定客户车辆需要进行维修或维护操作，服务顾问应在第一时间对客户车辆进行防护。服务顾问需要**当着客户的面**，安装防护五件套（脚垫、座椅套、方向盘套、挡杆套、手刹套）。**这样做的目的是表示对客户车辆的重视，体现服务顾问对客户的关心和尊重，使客户感觉舒适**。

[示例]

——"李先生，您好！请您先稍等一会儿，我来给您的车辆做一个基本的防护。"

 特别提示

> 在未使用防护用具时，禁止任何工作人员进入客户车内，即使客户表示不用防护用具也可以，但在进入车辆之前，服务顾问也必须使用防护五件套，这样可显示出我们认真的工作态度和对客户车辆的重视程度。
>
> 车辆防护不只是使用五件套，在驾驶客户车辆、开关车门、检查电器故障时，都要小心、轻柔，绝不可在和客户交谈时扒靠开启状态的车门或倚靠车辆。

（5）环车检查

1）环车检查方法

①在进行环车检查时，服务顾问最好带领客户沿着一定的路线进行，可以先查车内后查车外，外检时从车辆左前门开始顺时针绕车一周，避免走回头路，这样可以大大节省时间，并且做到不遗漏任何检查部位。

②要主动邀请客户一起检查，边检查边将结果报给客户，并记录在预检单中。

[示例]

——"李先生，我们一起来对您的车辆做一下检查吧。"

——"您的车辆已行驶了 29 800 公里，燃油还有二分之一，车内各项功能都是正常的，配置也是齐全的。"

——"现在我帮您检查随车工具和备胎，可以打开一下后备厢吗？"

——"我们再对发动机舱做一下检查吧。"

③在检查的过程中，还需要提醒客户收好车内的贵重物品。

[示例]

——"请问车内有没有贵重物品，例如手机、钱包、油卡等？"

特别提示

　　如果环车检查时发现车辆有轻微的故障需要处理，例如，小刮伤、轮胎缺气等，要明确告知客户，我们可以帮他免费处理，这样做有利于提高客户的满意度。话术举例："咦，这里有点轻微刮伤。不过没关系，在维修过程中，我会让我们的维修师傅免费为您做一些简单处理的。"

2）环车检查项目

　　环车检查项目繁多，包括车内、车外、发动机舱及后备厢，环车检查项目及环车检查路线见表3-1和图3-3。发动机舱及后备厢检查的具体方法，会在接下来的内容中详细描述。

表3-1　环车检查项目

检查部位	检查项目	检查内容
驾驶舱	安装防护三件套	上车之前，安装脚垫、座椅套及方向盘套
	里程表	在预检单上准确记录里程数
	燃油刻度、电量标识	在预检单上记录剩余燃油量、剩余电量
	仪表盘	检查各警示灯是否正常
	灯光系统	检查行车灯是否正常，包括近光灯、远光灯、转向灯、前后雾灯、警示灯、倒车灯、制动灯等
	空调系统	检查空调系统的制冷效果、风量调节是否正常
	天窗	检查天窗控制是否正常
	车窗	检查四门车窗升降功能是否正常
	外后视镜	检查外后视镜调节功能是否正常
	雨刷	检查雨刷控制是否正常、雨刷工作是否正常
	储物格	检查储物格是否有贵重物品遗留
车辆左前侧	左前车门、翼子板、后视镜	检查漆面是否有划痕、凹痕、锈蚀
	左前风窗玻璃	检查风窗玻璃上是否有划痕、裂痕
	左侧雨刮片	检查雨刮片是否硬化或有裂纹
	左前轮胎、轮饰盖	检查轮胎花纹磨损程度、是否有异常磨损，确认轮饰盖是否完好
车辆前部	发动机舱盖、前保险杠	检查漆面是否有划痕、凹痕、锈蚀
	前车灯	检查外观是否完好，内部是否有水蒸气
	发动机机油、动力转向液、制动液、冷却液	检查各类油液液面高度是否正常、是否有泄漏
	蓄电池	检查蓄电池正负极连接是否良好、是否有渗液

续表

检查部位	检查项目	检查内容
车辆右前侧	右前车门、翼子板、后视镜	检查漆面是否有划痕、凹痕、锈蚀
	右前风窗玻璃	检查风窗玻璃上是否有划痕、裂痕
	右侧雨刮片	检查雨刮片是否硬化或有裂纹
	右前轮胎、轮饰盖	检查轮胎花纹磨损程度、是否有异常磨损，确认轮饰盖是否完好
车辆右侧	右后车门、翼子板、后视镜	检查漆面是否有划痕、凹痕、锈蚀
	右后风窗玻璃	检查风窗玻璃上是否有划痕、裂痕
	右后轮胎、轮饰盖	检查轮胎花纹磨损程度、是否有异常磨损，确认轮饰盖是否完好
	后排座位	检查后座是否遗留贵重物品
车辆后部	行李箱盖、后保险杠	检查漆面是否有划痕、凹痕、锈蚀
	后车灯	检查外观是否完好，内部是否有水蒸气
	后风窗玻璃	检查风窗玻璃上是否有划痕、裂痕
	随车工具	检查随车工具是否齐全
	备胎	检查备胎花纹磨损程度、老化程度
	后部雨刮片	检查雨刮片是否硬化或有裂纹
车辆左侧	左后车门、翼子板、后视镜	检查漆面是否有划痕、凹痕、锈蚀
	左后风窗玻璃	检查风窗玻璃上是否有划痕、裂痕
	左后轮胎、轮饰盖	检查轮胎花纹磨损程度、是否有异常磨损，确认轮饰盖是否完好
	后排座位	检查后座是否遗留贵重物品

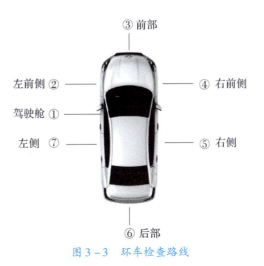

图 3-3　环车检查路线

~∞∞ **素养提升 3－1** ∞∞∞∞∞∞∞∞∞∞∞∞∞∞∞∞∞∞∞∞∞∞∞∞∞∞∞

服务源于细节，细节决定成败。车辆预检项目较多，请务必对照环车检查项目开展预检工作，做到不敷衍、不遗漏。

3）发动机舱检查项目

对于发动机舱的检查，大都采用目视的方法。首先查看各管路、线束的走向是否清晰无干扰，接口是否牢固，机舱内有无漏油、漏水及老化情况。除此之外，还要检查发动机舱内各类油、液的液面情况，发动机舱检查项目及检查规范如表3－2所示。

表3－2　发动机舱检查项目及检查规范

发动机舱检查项目	检查规范
发动机机油液面检查	a. 车辆停放在水平地面上，并且发动机应停止运转10分钟以上； b. 将机油标尺拔出，查看机油是否异常，然后擦净机油； c. 将油尺完全插入导管，再次拔出油尺检查： d. 油液位超过机油标尺上、下限标记1/2处为合格；否则，应排除机油泄漏
冷却液液面检查	a. 在发动机停止运转10分钟后或水温显示低于100 ℃后开始检查； b. 检查确认冷却液膨胀罐或水箱中的冷却液液位在 Max（最大值）与 Min（最小值）标记之间； c. 如果液位低于 Min 标记，应排除泄漏
动力转向液液面检查	a. 拧下动力转向储液罐盖，将油尺擦净； b. 拧紧储液罐盖，再次拧下储液罐盖； c. 检查液面液位在 Max 与 Min 标记之间； d. 如果液位低于 Min 标记，应排除泄漏
制动液液面检查	a. 目视检查制动液液面在 Max 与 Min 标记之间； b. 如果液面低于 Min 标记，应排除制动系统有泄漏或制动片磨损严重
风挡玻璃清洗液液面检查	a. 点火钥匙在 M 挡； b. 打开风挡喷淋开关，检查应有液体喷出，否则适量补充

~∞∞ **素养提升 3－2** ∞∞∞∞∞∞∞∞∞∞∞∞∞∞∞∞∞∞∞∞∞∞∞∞∞∞∞

生命至上，安全第一。请在检查发动机舱的过程中严格遵守检查规范，防止事故发生。

4）后备厢检查项目

①查看是否有贵重物品；

②查看备胎是否完好，随车工具是否齐全。随车工具会因车型而异，基本工具包括三角警示牌、千斤顶、拖车钩、轮胎扳手等。

（6）结果确认

完善预检单中的各项检查项目，口头告知客户，并请客户签字确认。

［示例］

——“李先生，您好！您的车行驶了近 30 000 公里，需要做一个保养，另外，车辆最近加速不利，您看还有什么需要补充的吗？”

——“李先生，这是对车辆的检查情况，如无其他要求，请您在这儿签个字。”

3.1.3 工具使用

1. 预约欢迎看板

预约欢迎看板（简称看板）上写有当天客户预约信息，服务顾问通过看板可以快速查看已预约客户信息，为接待客户做好准备。看板应该放置在维修接待入口明显位置，这样可以使已预约客户产生受重视的感觉，同时向未预约客户宣传企业的预约服务。预约欢迎看板的内容如图 3－4 所示。

预 约 欢 迎 看 板

年　月　日　　　　预约电话：

尊敬的预约客户：

欢迎您如约而至!您的准时光临是我们最诚挚的期待!

预约时间	顾客姓名	车牌号	车　型	预约项目	服务顾问

图 3－4　预约欢迎看板

2. 汽车防护用具

汽车维修企业常用的防护用具，有一次性的，也有反复使用的。常见的防护套件有三件套（脚垫、座椅套、方向盘套）、四件套（脚垫、座椅套、方向盘套、挡杆套）和五件套（脚垫、座椅套、方向盘套、挡杆套、手刹套），防护四件套如图 3－5 所示。

3. 预检单

预检单，也称为接车单、接车检查单，服务顾问与客户双方签字确认，也就意味着企业与客户之间确立了初步的契约关系，是客户与维修企业之间重要的文件。服务顾问必须认真填写预检单（见图 3－6），预检单完成后，由服务顾问和客户签字确认，方才生效。

| 脚垫 | 方向盘套 | 座椅套 | 挡杆套 |

图 3-5 防护四件套

预 检 单

报修人：	联系电话：	报修日期：
牌照号：	行驶里程：	VIN号：

客户需求描述

外观/内饰/附件检查

灯光 ☐	机 油 ☐	空 调 ☐
雨刮 ☐	冷却液 ☐	音 响 ☐
玻璃 ☐	制动液 ☐	天 窗 ☐
轮胎 ☐	转向液 ☐	电动窗 ☐
备胎 ☐	玻璃清洗液 ☐	电动后视镜 ☐
电瓶 ☐	随车工具包 ☐	仪表指示灯 ☐

▲ 划痕　● 油漆　　燃油存量检查

好：√　有故障，需维修：○

维修项目费用/时间预估

维修项目		预估费用
合计金额		预估交车时间
建议维修项目		

温馨提醒

①现金及贵重物品请随身携带，本店不负责保管；
②此单所含维修费用、时间预估不做结算依据，最终结算以结算单为准；
③检查出故障，在本店维修，则检查费包含在维修费内，如不在本店维修，请支付检查费_____元。

客户签名：　　　　　　　　　　服务顾问签名：

图 3-6 预检单

（1）预检单的重要性

预检单的重要性主要表现在以下几个方面：

①它记录了服务顾问与客户之间的沟通情况，可以防止可能出现的误解；

②服务顾问将客户的要求和故障描述详细地进行记录，可以帮助维修技师更快更准确地找到故障原因，提高一次性修复率；

③它可以帮助服务顾问更快地完成维修委托书。

（2）预检单的主要内容与信息填写

预检单的内容及填写注意事项如下所述：

①车辆基本信息：包括车牌号、VIN码、车辆型号；

②客户基本信息：包括客户姓名、联系方式；

③行驶里程：服务顾问要认真记录客户车辆的行驶里程数，最好精确到个位，并将具体数值口头报给客户，避免交车时双方发生争议；

④剩余油量：同行驶里程数一样，服务顾问要准确记录油表刻度位置，并口头明确告知客户，以免交车时发生争议；

⑤车辆损伤状况：服务顾问要将车辆损伤的结果如实地记录在预检单中，例如漆面的划伤、大灯的破损、玻璃的裂痕等；

⑥客户对故障的描述：详细而准确地记录客户描述，以便维修技师进行故障确诊。

巩固练习

一、单项选择题

1. 客户首次进入维修接待区，心理上处于（　　　）。

　　A. 舒适区　　　　　　B. 担心区　　　　　　C. 焦虑区　　　　　　D. 兴奋区

2. 下列（　　　）不是环车检查的目的。

　　A. 帮助客户了解自己的车辆状况　　　　　B. 避免后期交车出现争议

　　C. 发现其他维修需求　　　　　　　　　　D. 控制维修质量

3. 发动机机油液面检查，需将车辆停放在水平地面上，并且发动机应停止运转（　　　）分钟以上，油液位超过机油标尺上、下限标记（　　　）处为合格。

　　A. 10、1/3　　　　B. 10、1/2　　　　C. 5、1/3　　　　D. 5、1/2

4. 后备厢检查项目中，随车工具不包括（　　　）。

　　A. 千斤顶　　　　　B. 拖车钩　　　　　C. 轮胎扳手　　　　　D. 备胎

5. 预检单中不需要填写（　　　）。

　　A. 车牌号　　　　　B. 联系方式　　　　　C. 维修费用　　　　　D. 剩余油量

二、多项选择题

1. 服务顾问在接待过程中，与顾客交流时正确的语言表达方式有（　　　）。

　　A. "这种现象很正常，不需要做检查维修！"

　　B. "我很理解您，但备件费是不能打折的！"

　　C. "对不起，我先接一个电话，请您稍等！"

　　D. "这不是我的职责范围，你问其他人吧！"

2. 服务顾问在接待过程中，以下（　　　）行为和语言符合礼仪要求。

A. 顾客到来时，主动帮顾客开车门，并主动作自我介绍

B. 顾客坐在休息室桌前，将递送的资料推到顾客面前

C. "再详细解释一下可以吗？"

D. 清楚明了地解释维修工作推迟的原因，并表示歉意

3. 有关接车与预检流程的内容，下列叙述不正确的是（　　　）。

A. 进行车辆故障诊断时，向客户耐心细致地询问真实情况

B. 客户交代的事项默记下来就可以了

C. 如果客户没问，就不需要说明预计总费用及估计交车时间

D. 为提升营业额，要积极对每位客户推销维修项目

4. 有关接车与预检流程的注意事项，下列叙述正确的是（　　　）。

A. 要与客户确认联系方式

B. 亲切询问客户有无贵重物品需从车内取出

C. 请客户在预检单处签名，以避免产生不必要的纠纷

D. 发现外观划痕应以关怀角度向客户建议修理

拓展学习

通过外部症状判断汽车故障

汽车故障产生的原因是多方面的，不同的故障表现出来的外部症状也不相同。熟悉故障症状，就能顺利地判定汽车是否有故障以及故障产生的部位。

汽车故障的异常症状主要有以下5个方面：

1. 声响异常

声响异常是指在汽车起动和行驶过程中出现不正常响声的现象。这种故障症状较明显，一般可以及时发现。不同原因产生的响声有不同的特征，在判断时，应仔细分辨。经验表明，凡声响沉重并伴有明显振抖现象的多是恶性故障，应立即停车，查明原因，加以排除。

2. 外观异常

外观异常是指可以从外表用眼睛看得出来的异常现象。

（1）渗漏现象

渗漏现象是指散热器（水箱）、水泵、水套、水管、气缸垫等处的漏水和燃油系、润滑系、液压制动系、动力转向系各部位的漏油现象。渗漏容易造成过热、烧损及转向、制动失灵等故障。

（2）排气颜色不正常

排气颜色不正常是指排气管消声器处冒黑烟、蓝烟或白烟。正常的废气应是无色或接近无色的烟雾。从排气管排出具有某种颜色的废气是产生故障的反映。

例如，气缸上窜机油时，废气呈蓝色；燃料燃烧不完全时，废气呈黑色或者灰白色；燃油中有水时，废气呈白色。而且排气颜色不正常经常是发动机无力或不易发动所伴随的现象，因此，排气颜色不正常已成为诊断发动机故障的重要依据。

（3）燃料及润滑材料消耗异常

燃料及润滑材料消耗异常是指汽车在正常运行过程中，燃油、润滑油等消耗量超过正

常值的现象，这也是一种故障症状。燃油消耗增多，一般是发动机工作不良或底盘调整不当所致；润滑油消耗增多，一般除渗漏原因外，多是因为发动机出现了故障，这时常常伴有加机油口处大量冒烟、排气烟色不正常等现象。如果发动机在工作中，油底壳中的机油量有增无减，则可能是冷却水或燃油进入其中。

3. 气味异常

气味异常是指汽车在行驶中产生某种特殊气味的现象。这也是汽车出现故障的表现，例如，导线因短路烧毁时产生的烧橡胶味，皮带打滑产生的焦糊味，排气管排出的废气中含有的生油味，制动拖滞、离合器打滑等故障散发出烧摩擦片的焦臭味。这些异常气味都是因出现故障而产生的，因此，根据气味的异常现象，可以判断某些故障。

4. 温度异常

温度异常是指可以用手触摸感觉出的温度不正常的现象。在正常情况下，无论汽车工作多长时间，发动机、变速器、驱动桥、制动器等总成均应保持一定的工作温度。除发动机外，如用手触摸时感到烫手，就表明该处过热。例如发动机过热，说明冷却系有故障，如不及时排除，将引起发动机突爆、早燃、行驶无力、烧毁机件等。又如制动器过热，多是因为调整不当引起的，如不及时排除，将会烧毁摩擦片、制动鼓等机件。

5. 运动异常

运动异常是指在汽车起动和行驶过程中出现的不正常运动现象。例如发动机起动困难、起动后运转不稳和产生剧烈振动、汽车行驶无力、行驶中转向失灵、加速不良等。这些故障症状明显，容易发现，但形成故障的原因比较复杂，不容易判断。

子任务 3.2　车辆问诊

※建议学时：4 学时

车辆问诊
操作示范

 任务下达

李明先生本次进店，除了给车做常规保养外，还反映最近车辆加油迟钝，作为服务顾问，请你做好问诊工作。

 任务工单

详见"学生工作页"任务三　子任务 3.2。

3.2.1　知识准备

1. 问诊的意义

有些客户到 4S 店来，也许没有明确的维修要求，只是觉得车辆某些方面可能有问题，这就需要服务顾问能够通过问诊和车辆预检发现问题，以专业的知识为客户提供维修建议，消除客户的疑虑。高效、准确的问诊工作能够帮助服务顾问从一开始就能发现客户车辆的问题所在，从而避免浪费时间和反复与客户沟通，提高一次性修复率。

2. 客户对问诊的期望

客户希望服务顾问能仔细倾听他关于车辆故障的描述和维修需求，服务顾问能认真、专业地主动询问，当面做进一步的实车检查以及能主动检查出车辆的其他故障问题。了解客户的这些需求，对做好诊断工作、提升客户的满意度是至关重要的。

3. 问诊的方法

可以说，问诊的方法是提高车辆维修质量和工作效率的基础。车辆故障问诊的关键是要了解在什么条件下出现什么故障现象，并且要详细记录客户对故障的描述以及问诊的信息要点。

总体来讲，客户反映的车辆问题可以分为四大系统：

（1）动力总成类故障

包括发动机和变速器，例如，怠速不稳、抖动，发动机故障灯亮，伴随加速不畅，加速车辆顿挫，变速箱3/4挡异响等。

（2）底盘类故障

包括转向系统和制动系统方面，例如，行驶时底部异响、转向沉重、制动方向/车身抖动等。

（3）电器类故障

例如，转向灯不亮、油表指示不准、车速表不动、CD机不工作等。

（4）车身类故障

例如，行驶时车门异响、空调不制冷/异响、雨刮不工作、门锁无法锁上/打开等。

针对这四大系统的常见故障，问诊方法如表3-3所示。

表3-3 四大系统故障问诊方法

动力总成类故障问诊方法	底盘类故障问诊方法
a. 仪表灯的问询 　发动机故障灯 　仪表其他指示灯 b. 故障条件的问询 　怠速、均匀加速/急加速 　发动机转速大致范围（或者至少询问是低速、中速、高速） 　变速箱挡位、换挡过程中 c. 环境条件的问询 　冷机/热机、大致水温 　道路情况 　定期保养情况 　油品情况	a. 故障条件的询问 　车辆静止/行驶中 　车速 　行驶方向：直行/转弯 　异响部位：前/后、左/右 b. 车辆操作 　加速/减速 　换挡/制动/转向 c. 环境条件的问询 　备件状态：原车备件/原厂备件/副厂备件 　道路状况：上坡/下坡、沥青路/水泥路/砂石路、路面平整/颠簸、高速路/城市路/市郊路 　天气状况：晴天/雨雪天（洗车后）
电器类故障问诊方法	车身类故障问诊方法
a. 仪表灯的询问 　仪表指示灯情况（有些故障不涉及）	a. 故障条件的询问 　做过哪些操作时发生故障 　（许多故障可能是电器失效） 　故障部位

续表

动力总成类故障问诊方法	底盘类故障问诊方法
电器类故障问诊方法	车身类故障问诊方法
b. 故障条件的询问 　　车辆静止/行驶中（许多电器故障属于抛锚故障） 　　故障部位 c. 环境条件的询问 　　伴随其他现象 　　外部环境 　　是否加装其他电器附件、在哪里加装的	b. 环境条件的询问 　　伴随其他现象 　　外部环境

为了便于记忆，根据上述问题，我们总结了5W1H问诊方法：

什么（What）：车型、发动机、变速器；

何时（When）：日期、具体时间、天气状况、发生频率；

何地（Where）：路面条件、海拔高度和交通状况；

何人（Who）：驾驶人；

为何（Why）：什么操作导致的；

如何（How）：系统症状、工作条件；

其他：维修历史、售后配件。

素养提升 3 – 3

　　理论来源于实践，这里列出的问诊方法来自对一线售后服务工作的经验总结，请同学们在以后的工作中留心收集故障案例，并归纳总结，从而构建自己的问诊思路。

4. 问诊的技巧

在问诊的过程中，服务顾问要想更多、更准确地了解客户信息，要通过巧妙的提问使顾客更多表达自己的意见。

（1）开放式询问

问诊前期需要获取更多的信息，此阶段应尽量多用开放式询问。这种提问方式能够帮助服务顾问了解更多的情况和事实，同时客户也有更多、更自由的发挥空间。例如，"您开车的时候是什么感觉？""您听到了什么噪声？"常用的词语有：如何、为什么、哪里、哪些、何时。

（2）封闭式询问

在使用开放式问题收集到更多的信息后，往往需要利用封闭式提问来确认故障。这类问题能够用简洁的语言来回答，如"是"或"不是"、"对"或"不对"等，例如，"您是否经常在城市行驶？""您是否能听到吱吱的响声？"对这些提问，顾客只要简单地给予回答，服务顾问就能了解相应的情况和信息。

比较来说，在问诊的过程中，封闭式提问的使用机会较多，其优点是可以控制问诊的方向，同时可以引导和掌握对方的思路，但如果运用不当，会使人为难，气氛容易紧张。因此，使用封闭性提问时一定要注意语气，尽量避免语气生硬或过分锋芒毕露。

5. 倾听在问诊过程中的重要性

在车辆问诊的过程中，倾听尤为重要。根据心理学家的统计，一般人大脑思考的速度是说话速度的4倍，所以，说话者话没说完，听话者就已经知道是什么意思了，这样会使听者的思想开小差，最后由于遗漏信息而导致误解。在车辆维修过程中产生的许多问题往往是由于不善于倾听导致的，例如，客户报修水温表不准，服务顾问根据经验告知客户一般是传感器或线路问题，开具工单进行维修，但经车间检查后结果正常。交车后不久，该客户来电投诉故障依旧，经检查发现，客户报修的原来是汽油表不准。

所以，作为服务顾问，要培养倾听的习惯，可以从以下几个方面努力：

①努力培养倾听的兴趣；

②注视对方的眼睛；

③及时用动作和表情给予回应；

④学会复述；

⑤适时适度地提问；

⑥抑制争论的念头。

> 素养提升 3-4
>
> 沟通是了解客户需求、满足客户期望的过程，请在与客户的沟通中，保持积极的心态和稳定的情绪，选择适当的方法有效沟通。

3.2.2 操作规范

1. 操作流程

对于故障车辆，需要进行仔细的问诊工作，如果故障不易判断，服务顾问需要安排客户休息，将车辆安排至诊断工位进行故障排查，一旦查明故障，则立即通知客户前往前台办理手续，具体的故障车辆接待问诊工作流程如图3-7所示。

2. 操作内容

本任务的主要操作就在于问诊，其他内容同子任务3.1。

问诊：服务顾问要仔细倾听客户所反映的维修要求及车辆的故障描述，如有必要，用专业的提问方式了解问题的详细情况。

[示例]

—— "李先生，请问这个故障出现了多久？"

—— "一般什么时间会出现呢？早上、中午还是晚上？"

—— "请您具体给我描述一下故障现象吧！"

—— "您是在什么路面上行驶时发生故障的呢？"

—— "您最近一次是什么时间做的保养或者维修？修过什么部位？"

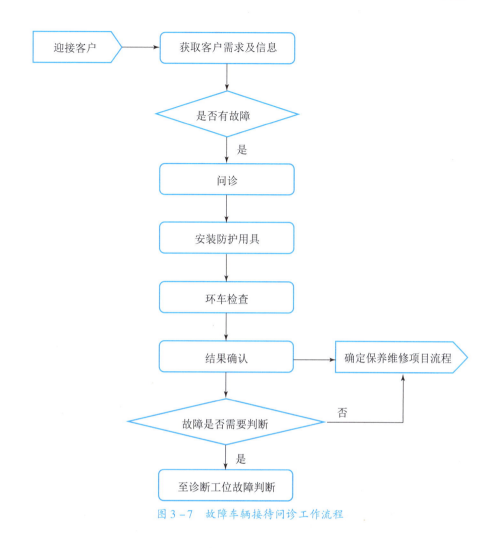

图 3-7　故障车辆接待问诊工作流程

3.2.3　工具使用

1. 诊断单

问诊最好的工具就是诊断单，通过诊断单的详细指标，可以快速地发现问题，企业常用的诊断单有发动机噪声诊断单、车辆驾驶性能诊断单、车辆噪声诊断单、空调诊断单、自动变速器诊断单等。为了便于使用，大多数汽车维修企业将部分诊断单上的内容合并到预检单上，这里就不列举了。

2. 预检单（包含问诊内容）

我们来看合并了诊断内容的预检单，如图 3-8 所示，预检单中上半部分"客户描述"栏就是诊断单的内容，服务顾问只需要在问诊的同时用打钩的形式记录下客户的描述即可，若预检单中没有客户描述的问题，则只需在"其他"一栏进行详细记录。

诊断单（预检单）是辅助服务顾问进行问诊的有效工具，一定要用好它。

接车检查单

客户姓名/单位		车牌号		行驶里程	km

客户描述	
保　养：首次保养 □　小保养 □　常规保养 □　验车保养 □　换机油机滤 □　换三滤机油 □　换机油 □
发动机：发不出 □　抖或啄 □　加速不良 □　动力不足 □　油耗高 □　易熄火 □　急速不稳 □
异　响：发动机 □　底盘 □　行驶 □　变速箱 □　刹车 □　仪表台 □　座椅车门 □
灯　亮：机油黄灯 □　机油红灯 □　水温灯 □　ABS □　气囊 □　转向灯 □　EPC灯 □
空　调：不制冷 □　异响 □　有异味 □　漏水：冷却液 □　车身 □　天窗 □
漏　油：发动机 □　变速箱 □　刹车 □　汽油 □　事故：保险事故整形油漆 □　局部整形补漆 □
其　他：

图3-8　预检单中问诊记录部分

应用案例3-1

制动有异响，安全不容想

【案例概况】

张先生拥有一辆帝豪轿车，车型是2019款领军版1.5L CVT尊贵型，目前已经行驶6万公里。某天，张先生来店做保养，接待他的服务顾问是王强，王强对张先生进行了专业问诊，具体话术如下：

问诊过程：

王强：张先生，您的爱车除了做6万公里保养以外，在您平时用车过程中，车辆出现过其他异常情况吗？

张先生：昨天我在刹车的时候好像听到有异响，不知道是什么原因。

王强：具体是什么样的响声，您能描述一下吗？

张先生：好像是吱吱的声音，车轮那边发出来的。

王强：以前出现过这种声音吗？

张先生：没有。

王强：那您今天开车过来还听到过此类声音吗？

张先生：好像没有，没有注意到。

王强：昨天听到异响时，您还记得是什么路面情况吗？当时车速多少？

张先生：昨天上班的时候，高架上有点堵车，因为前面的车急刹车，所以我也跟着急刹车，就听到车轮那边传来异响，当时车速应该在60～70公里吧。

王强：张先生，根据您描述的情况，踩刹车出现异响的原因有多种。首先，考虑可能是刹车片报警器发出的声音，因为我们帝豪汽车都配置了刹车片报警器，当刹车片磨损到需要更换的位置时，急踩刹车就触发了刹车片报警器，继而发出吱吱的报警声，提醒我们及时更换刹车片，以保障行车安全；其次，可能是刹车片与刹车盘之间有异物，造成了刹车有异响等情况。您放心，我请维修技师先仔细检查，然后确定维修方案，请您稍等。

预检过程：

车辆在举升机上停放规范，确认车辆举升前，王强告知张先生暂时远离车辆并不要走动至车辆下方，即可举升车辆，车辆举升位置合适以后，锁止举升机。

王强拿着小手电筒和擦拭用无纺布等辅助工具走到各车轮旁边，依次从外侧和内侧擦拭制动器旁边脏污，并利用小手电筒查看刹车片的厚度，通过目视检查，王强发现张先生的车辆四轮刹车片都磨损严重，已经快达到磨损极限位置，张先生听到的吱吱异响可能就是刹车片报警器的声音。具体还需要维修技师进一步诊断才能确定。

维修方案：

维修技师根据任务委托书的描述，先判定服务顾问预检的准确性并初步锁定故障原因。按照规范操作进行车轮拆卸，车轮拆卸以后，进一步核实刹车片的磨损情况，确认刹车片的确磨损至极限位置，导致刹车片报警器发出警报声。维修方法即为更换一组全新刹车片。征得客户同意，维修技师先拆下刹车片，再调整轮缸的伸缩长度，装上新的刹车片，最后安装制动器，故障得以解决。维修过程如图 3 - 9 所示。

维修结果：

更换刹车片以后，刹车时不再出现吱吱报警声，且刹车性能得到一定提升。

【案例解析】

刹车系统是汽车至关重要的系统，属于底盘四大系统之一，与行车安全息息相关。案例中张先生的车辆已经开了 6 万公里，出现过一次刹车异常的情况，而刹车片也属于易损件，且 6 万公里也是刹车片更换的周期，所以服务顾问王强对此事很谨慎。刹车片更换周期在 3 万 ~ 8 万公里，前后刹车片更换周期不一样，前刹车片检查更换要更早一些。张先生在开车过程中已经出现了刹车异响的现象，说明刹车系统存在潜在隐患，服务顾问王强立刻意识到这是安全问题，不能马虎草率，便详细询问了张先生出现异常情况时的一些细节信息，目的是能更精准判定异常点，初步判定出现异常的原因。

王强通过详细问诊和车辆预检相结合，初步判定可能是因为刹车片磨损严重，已经磨损到极限位置，导致刹车片报警器发出警报声。后来经过维修技师拆解核实，的确是刹车片磨损导致，更换了一组刹车片，故障得以解决。

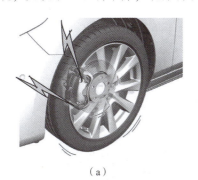

（a）

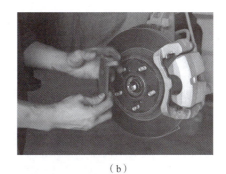

（b）

（c）

图 3 - 9　维修过程

国产吉利帝豪汽车装配刹车片报警器是为了全方位保障车主的行车安全，尽可能地去提醒车主行车中的一些安全隐患所在，是重要的安全保障设备。而作为服务顾问的王强，通过详细问诊和车辆预检发现了张先生的行车安全隐患，不仅保障了张先生的用车安全，而且大大减少了维修时长，提高了维修效率。

 应用案例 3 – 2

空调不制冷，设置调一调

【案例概况】

杨帆是一名资深的汽车服务顾问，已经有 5 年的工作经验。某天，王先生开着自己的比亚迪宋来店里做常规保养，并要求检查空调不制冷的问题。王先生的车型是 2021 款 DM – i 110KM 旗舰 PLUS 5G 版，属于插电式混合动力车型。杨帆作为王先生的服务顾问，按照企业标准流程做了接待。由于客户报修空调故障，所以杨帆进行了专业问诊，具体话术如下：

问诊过程：

杨帆：王先生，这车空调不制冷多久了？

王先生：好像就一直不怎么制冷，最近天气比较热，特别明显。

杨帆：那车辆制热效果好吗？

王先生：制热效果是好的，没有问题，就制冷不行，但感觉又有点凉气，只是天热的时候效果不好。

杨帆：温度、风量和模式都调节了，结果还是不冷吗？

王先生：是的，温度调低，风量调大，出风量变大，但就是不太冷，温度好像下不来。

杨帆：空调制冷效果不好，原因有很多，首先，可能是空调设置问题，因为比亚迪宋 PLUS 在空调设计时，考虑到车主对于冷热喜好不同，设计了两种模式供车主选择，经济模式和舒适模式。在经济模式时，车辆制冷效果就不是很好，只有弱冷效果；在舒适模式时，制冷才能达到强冷效果。其次，空调制冷效果不好还存在制冷剂不足、压缩机故障、冷凝器堵塞、风扇故障等多种可能，需要维修技师进一步诊断才能确定。我这边帮您先检查一下空调设置问题，您稍等。

预检过程：

在铺设好防护三件套的基础上，征得客户同意，跟客户一同进入车内，查看空调设置情况。

车辆上电，选择中控屏操作，中控屏处于首页位置时，选择最下方空调按钮，进入空调界面，此时界面都是空调控制操作按键，在最左边选择栏内，选择空调设置按键，进入设置菜单栏以后，下拉菜单栏至最下方，可以看到空调自动模式选择栏，有两种模式可选，分别为经济模式和舒适模式。当空调自动模式处于经济模式时，空调运行主要以节能为主，冬季取暖尽可能不起动发动机辅助加热，夏季制冷适当减少冷气供应。所以当车辆制冷效果不好时，需要将空调自动模式切换成舒适模式。王先生自买车以后，车辆空调自动模式一直处于经济模式下，所以制冷不佳，杨帆将空调自动模式切换成舒适模式以后，手感空调制冷效果恢复正常。空调模式调整界面如图 3 – 10 所示。

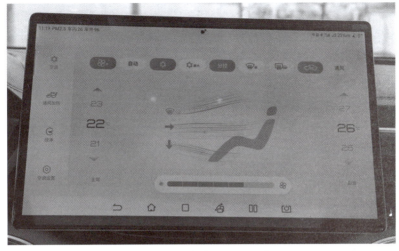

（a）

（b）

图 3-10 空调模式调整界面

维修方案：

维修技师根据任务委托书的描述，先判定服务顾问预检的准确性并核实空调故障是否真正解决。维修技师打开空调开关，通过各种按键操作，判定各功能按键均正常，再利用红外测温仪测试经济模式下和舒适模式下的制冷效果，发现舒适模式下出风口温度可达6℃，如图 3-11 所示，说明空调系统制冷正常，故障得以解决。

维修结果：

将空调自动模式切换至舒适模式后，加大了制冷功率，实现车内快速制冷。

【案例解析】

空调系统是汽车使用过程中不可或缺的一个部分，夏天能给车内降温，冬天能为车内供暖，大大提升了车辆的舒适性。王先生自买车以后，发现车辆的制冷效果一直不是很好，由于购车时天气不是很炎热，空调制冷效果不好并没有太在意。最近天气转热，王先生在开车过程总感觉开了空调，温度降不下来，出风口有冷风吹出，但不够凉爽，于是趁着本次保养，想对此问题进行检修。

图 3-11　维修技师测试制冷效果

　　杨帆作为王先生的服务顾问，第一时间详细问诊了故障出现的一些细节情况，杨帆结合问诊结果和车辆使用状况，初步判定车辆空调可能的故障原因是设置问题。于是向王先生仔细地介绍了汽车空调的功能，并且亲自指导王先生操作空调系统，更改空调设置，将空调自动模式从经济模式切换至舒适模式，再打开空调制冷，感受制冷效果，此时感觉制冷效果变好。最终通过维修技师的核实和出风口温度检测，发现的确是模式切换问题，模式切换以后，故障得以解决。

　　国产比亚迪新能源汽车在空调设计时，充分考虑了车主的喜好和节能减排意识，在模式选择上做了两种模式，以满足所有车主需要，体现了比亚迪的人性设计。作为资深服务顾问的杨帆，专业、热心和责任是他的职业素养，通过专业问诊了解具体故障，手把手指导，耐心解决客户问题，大大提高了维修效率。

 巩固练习

一、单项选择题

1. 下列关于问诊的意义，不正确的是（　　　）。
　　A. 避免后期浪费时间反复与客户沟通　　　B. 突显服务人员的专业度
　　C. 以便提高一次性修复率　　　　　　　　D. 消除客户的疑虑

2. 对于车辆问诊过程，下列说法不正确的是（　　　）。
　　A. 车辆问诊可以正确引导维修技师的维修方向，提高一次性修复率
　　B. 服务顾问应在预检单上准确地记录用户的要求，预检单不需要用户签字确认
　　C. 车辆问诊过程中，客户的核心期望是："听了我的故障描述后，接待人员（服务顾问）能正确判断出故障原因，并且通过专业的检查来找出车辆的隐藏故障，为我提供合理的维修建议。"
　　D. 做好诊断工作，对提升客户满意度有很大帮助

3. 服务顾问在车辆问诊过程中，采用开放式提问方式的主要目的是（　　　）。

A. 确认信息   B. 收集信息

C. 控制问诊方向   D. 掌握对方思路

4. 以下不属于底盘类故障的是（   ）。

D. 行驶时底盘异响   B. 转向沉重

C. 车身抖动   D. 加速顿挫

5. 以下做法中不正确的是（   ）。

A. 初步诊断某些故障现象不要立刻给予十分肯定的判断结果，需要根据经验向客户提出几种可能的维修方案，应以最终车检结果为准

B. 在车辆问诊过程中做出正确判断的前提是在现场重现故障

C. 在车辆问诊过程中，服务顾问应仔细倾听客户所反映的维修要求及对车辆故障的描述，如有必要，用专业的提问方式了解问题的详细情况

D. 服务顾问在车辆问诊过程中，对于较难判断的故障原因，应告诉客户询问维修技师

二、多项选择题

1. 接待故障车辆时，关于车辆故障需要询问车主（   ）。

A. 故障出现时的工况   B. 故障出现的时间

C. 故障现象   D. 车主的驾驶习惯

2. 以下（   ）问题是封闭式提问。

A. "您今天是来检查发动机怠速时有噪声的问题吗？"

B. "噪声是低沉的声音吗？"

C. "噪声听起来像是重重的关门声音吗？"

D. "您听到的噪声都是什么样的呢？"

3. 以下（   ）问题是开放式提问。

A. "您开车的时候是什么感觉？"   B. "您听到了什么噪声？"

C. "您最近是否维修过车辆？"   D. "您是在什么路况下发现故障的？"

4. 客户报修车辆抖动，问诊的内容包括（   ）。

A. 发动机故障灯是否点亮   B. 发动机转速大致范围

C. 在什么路况下会抖动   D. 车辆此时车速多少

拓展学习

发动机积炭的形成与预防

发动机积炭主要存在于燃烧室、气门、火花塞、进气歧管、节气门和喷油嘴等位置。形成发动机积炭的原因主要来自燃油和窜进燃烧室的润滑油。首先是燃油，燃油本身胶质含量较高，而且油料在储存、运输过程中，容易和空气发生氧化反应，生成胶状物质；这些胶质随燃油供给系统进入燃烧室，同燃油一起燃烧，使燃烧室、气门、火花塞、活塞环槽、进气歧管、喷油嘴等部位产生很多积炭。其次是窜进燃烧室的润滑油，车辆常处于走走停停的状态，发动机高速运转，窜入燃烧室的润滑油也不可能百分之百燃烧，未燃烧的部分油料在高温和氧的作用下形成胶质，黏附在发动机内部的零件表面上，再经过高温作

用形成积炭。

积炭过多，容易导致发动机工作不良，主要异常现象是车辆冷起动困难、怠速不稳、加速不良、急加速回火、尾气超标、油耗增多等。在燃烧室的积炭可能形成多个点火点，使发动机产生爆燃；在气门的积炭可引起气门关闭不严，导致燃烧的混合气进入进气管，加重进气道及节气门积炭；气门导管和气门杆部的积炭结胶，将加速气门杆与气门导管的磨损，甚至会引起气门杆在气门导管内运动发涩而卡死，产生粘气门的故障；活塞环槽内积炭，会使活塞环边隙、背隙变小，甚至无间隙，造成活塞环失去弹性而拉缸。积炭还会堵塞喷油嘴，降低火花塞跳火能量等。

在汽车维修中对积炭的诊断主要采用两种方法。最直接的是解体法，只要把部件拆开，用肉眼就可以分辨积炭，对于进气管及节气门或喷油嘴、火花塞等易拆件的积炭检查一般采用此方法；但对于发动机燃烧室及气门的积炭，此方法可行性不高，这时候只能借助于内窥镜，用内窥镜来观察燃烧室和气门积炭，是个简便可行的方法。

清除积炭主要有两种方法，对于可拆、易拆部件如火花塞、喷油嘴，可拆下来用超声波清洗仪清洗；对于节气门，则可用清洗剂直接清洗；对于发动机内部，则可采用免拆清洗机清洗，并通过在燃油中添加一些清洗剂清洁。

对于积炭，最主要还是平时做好预防工作。首先，要注意燃油质量。前面已经提到，燃油中的胶质是形成积炭的主要原因，而燃油中的胶质含量受燃油工艺及存储运输条件影响，一些油库存储条件较差，更降低了燃油的清洁性。在这里值得一提的是，97号汽油并不一定比93号的杂质少，标号代表燃油的辛烷值，并不能代表品质和清洁程度。其次，要尽量避免长时间低速行驶。低速行驶时燃烧不充分，极易产生积炭。此外还可在燃油中添加一些清洁剂，通过化学反应提高燃油的洁净度。

任务四

确定保养维修项目

任务导语

　　保养维修项目的确定，是车间开始实施保养维修工作的前提。服务顾问先与客户进行沟通，能够确保充分地将客户需求反映在维修委托书中。在此任务中，服务顾问需要对客户主动解释保养维修的具体项目内容、使用备件情况、所需费用和时间，使客户清晰地了解与自己利益相关的信息，消除客户的疑虑。同时，规范的维修委托书制作和签订要求，可以带给客户专业、信赖的感觉，保障双方的利益。

任务要求

能力目标	知识目标	素养目标
• 能解释保养项目和政策要求； • 能清楚解释车辆常见故障的原因，并了解基本处理办法； • 会运用FAB法则，与客户沟通维修项目； • 能解决客户对于保养维修的内容、价格、时间方面的异议； • 能规范地完成维修委托书的签订，并清楚、专业地向客户进行解释； • 能妥善安顿客户，并与车间顺利交接； • 会利用相关单据和资料辅助解释； • 能运用经销商的相关软件，制作维修委托书	• 保养知识及相关政策； • 车辆常见故障的原因及处理； • 项目推荐沟通技巧； • FAB沟通法则； • 相关单据的使用规范	• 树立法律意识和法制观念，做到遵纪守法； • 培养坚韧不拔、守正创新的职业精神； • 培养安全意识、质量意识和专业严谨的职业素养

※总学时：10学时

子任务4.1　保养项目的沟通与确立

※建议学时：4学时

保养项目的沟通
操作示范

任务下达

今天上午11：00，李先生驾驶他的雪铁龙C6 2021款400THP舒适版来店，想要进行车辆保养，经过检查，该车行驶了29 800公里，作为服务顾问，请你向李先生介绍本次保养的工作内容、费用和时间等，与客户商定本次保养的项目和费用。

任务工单

详见"学生工作页"任务四 子任务4.1。

4.1.1 知识准备

1. 保养概述

汽车在使用过程中，由于高温、高压的内部工作环境和各种道路、外部环境的影响，行驶到一定里程或时间后，技术状况将发生变化，各种油、液和易损件会发生一定的损耗，各总成和零部件必然会产生不同程度的磨损、松动、变形或其他损伤等，原有的尺寸、形状和表面质量会发生变化，这样，就会破坏零部件的配合特性和工作条件。这时，如果不及时进行维护，零件的磨损将急剧增大，汽车的动力性和经济性将变差，发动机的"劲"小了，也费油了，零件的可靠性也会随之下降，甚至会发生严重的机械或交通事故。因此，进行定期保养，可以发现和清除事故隐患，防止早期磨损，恢复汽车的性能参数，延长汽车的使用寿命。

开车犹如骑马，好的骑手懂得如何喂养。及时正确的保养是延长汽车使用寿命、保证行车安全的重要环节。保养一般包含首次保养和定期保养。

2. 首次保养

（1）首保的作用

首保就是指首次保养，这是新车行驶到规定的里程或使用时间时，第一次对车辆进行检查和调整。一般新车在行驶到5 000公里左右，也就是磨合期结束时，需要进行首次保养。

新车在磨合期内，发动机、变速器、传动系、转向系、制动系等总成和系统的零部件经过磨合，会达到一个相互适应、紧密配合的状态，但同时在发动机中也会产生一些杂质。新车首保，就是通过检查、调整和更换，确保车辆各部件处于良好的运行状态。

（2）首保的项目

不同品牌的车型，通常会各自执行统一规范的首次保养计划，内容都是固定的，主要项目包括更换发动机机油、机油滤清器，检查车辆的各项功能，检查底盘各部件的密封、紧固状况，检查管路、轮胎、各油液、蓄电池等。根据车型的不同，保养项目有8~11项，整个过程需要40~60分钟。下面是某品牌的定期保养单，如图4-1所示。在每辆新车的保养手册中也会印有首保的详细内容，参看"工具使用"中的保养表单。

（3）首保的政策

在正常使用条件下，新车行驶了5 000~7 000公里或6个月后，应当进行首次保养；而在非正常使用条件下，建议首次保养里程减少50%，即3 000~4 000公里或3个月。

首保通常由新车销售经销商免费提供，并且，首保也是客户享受国家《家用汽车三包条例》的必备条件。

首次保养是服务经销商做好服务营销的一次重要机会，除了按保养的规定项目和规范进行操作外，服务顾问还应当做好以下工作：

①介绍如何更好地使用车辆的各种功能；

②介绍本站的各种服务内容；

③介绍客户车辆的保养计划。

定期保养计划							
首保	A	B	**车辆内部操作**	首保	A	B	**发动机舱操作**
○ ○ ○	○ ○	○ ○ ○	检查　　　　检查结果及建议 各种灯光和喇叭　——— 手制动状况　　　——— 自诊断内存			○ ○ ○	更换 　空滤器滤芯 　座舱空气过滤器 　火花塞
	○	○ ○ ○	**车辆底部操作** 更换 　发动机机油 　机油滤清器 　汽油滤清器	○ ○ ○ ○	○ ○ ○	○ ○ ○ ○	检查液面或添加　　添加 　发动机机油　　　□ 　发动机冷却液　　□ 　制动液　　　　　□ 　助力转向液　　　□
○ ○ ○ ○ ○	○ ○ ○ ○ ○	○ ○ ○ ○ ○	检查　　　检查结果及建议 发动机、变速箱渗漏 管路和液体密封 转向机构密封 连接杆球头密封 前后减震器的状况 排气管和车身底部	○ ○ ○	○ ○ ○	○ ○ ○	检查　　　检查结果及建议 蓄电池状态 风窗洗涤机构 附件皮带张力 清洁 　空滤器滤芯 　座舱空气过滤器
	○ ○ ○ ○	○ ○ ○ ○	**附加检查** 检查　　检查结果及建议 排放检查　　　——— 保养指示器复位 制动液　每两年更换　□ 冷却液　每两年更换　□ 正时皮带　每90 000 km或6年 　　　　　　　　更换　□	○	○ ○ ○ ○	○ ○ ○ ○	**车辆后部检查** 检查　　　检查结果及建议 前制动片磨损　　——— 后制动片磨损　　——— 轮胎（备胎）状况　——— 整车目视检查
A 类定期保养			7 500 km/15 000 km/22 500 km/37 500 km/45 000 km/52 500 km/67 500 km/ 75 000 km/82 500 km/97 500 km/105 000 km/112 500 km/127 500 km/135 000 km				
B 类定期保养			30 000 km/60 000 km/90 000 km/120 000 km/150 000 km				

图 4-1　某品牌定期保养单

3. 定期保养

（1）定期保养的作用

在车辆的使用过程中，车辆的技术性能会随着行驶里程的增加以及各种环境因素的影响而发生变化，导致汽车的动力性、经济性和可靠性逐渐变差；各易损件、易耗件需要更换或补充，定期按标准规范对车辆进行保养和检查，可以及时更换易损件、易耗件，发现和消除早期的故障隐患，防止故障的发生或损坏的扩大，恢复车辆的性能指标，提高车辆的完好率，有效地延长汽车的使用寿命。因此，车辆每行驶较长的一段时间或里程后，都需要进行定期保养。

素养提升 4-1

根据部分企业调研统计，客户对定期保养重视不够，延期保养的比例超过35%。服务顾问在工作中要建立风险观、防护观，从自身强化安全意识，培养用户良好的车辆养护习惯，同时依靠专业素养，为用户提供有针对性的养护建议。保障车辆的良好性能，不仅是对用户的安全负责，而且是对品牌形象的维护。

（2）定期保养的项目

根据车辆行驶里程的增加和保养的间隔，常规的定期保养，分成小保养和大保养两类。一般常规的定期保养都是小保养，而在车辆行驶到30 000公里、60 000公里、90 000公里这样的里程数时，车辆的某些易耗部件的工作状态和性能会下降较多，此时就需要做一次大保养。

1）小保养

小保养除了首次保养的内容外，还包括检查前后摩擦片、检查附件皮带、清洁空气滤清器、清洁座舱空气滤清器等。按照保养的标准工艺，检查冷却液、动力转向液、制动液、风挡清洗液，根据实际情况做添加或更换。此外，还要对车辆的悬挂、制动、排气、转向、电器等系统各主要部件的紧固状况、密封状况、拧紧力矩、使用效果等进行必要的检查和调整，同时，使用专用的诊断电脑读取车载电脑的记录，删除错误代码。保养操作完成后，还必须对客户车辆进行路试。

根据车型的不同，小保养的项目有18～25项，操作时间为60～90分钟。

2）大保养

在小保养的基础上，大保养还增加更换汽油滤清器、更换空气滤清器、更换座舱空气滤清器、更换火花塞等。

车辆行驶每间隔30 000公里，都要经历一次比较复杂的大保养，此时需要更换和调整的部件相对较多。其中，机油、机滤、火花塞、空滤需要更换，这将保证客户车辆的发动机保持在最佳工作状态；花粉滤清器也需及时更换，以保证空调系统运转正常，从而优化客户的驾乘环境；手动挡车辆，还需检查调整离合器踏板行程，此外，还要对车辆的悬挂、制动、排气、转向、电器等系统各主要部件的紧固状况、密封状况、拧紧力矩、使用效果等进行必要的检查和调整，同时，使用专用的诊断电脑读取车载电脑的记录，删除错误代码。保养操作完成后，还必须对客户车辆进行路试，以确保保养操作达标。

另外，有些部件的更换是依据使用年限进行操作的，例如，每两年更换制动液、冷却液；每90 000公里更换变速箱油；每90 000公里更换正时皮带等。

根据车型的不同，大保养的项目有22～34项，操作时间为120～180分钟。

不同行驶里程的定期保养的详细保养内容，可看"工具使用"中的保养表单。

（3）定期保养政策

各个品牌车型的定期保养计划，都有固定的时间或行驶里程间隔。大多数车型，两次保养的间隔时间为6个月，间隔里程为5 000～8 000公里，并且在时间和里程两个条件下，以先达到者为准。

定期保养是需要客户自费的，可以选择在品牌车辆4S店完成。严格按照品牌车辆的定期保养计划进行保养，不仅对车辆性能和使用寿命有好处，而且是客户享受国家《家用汽车三包条例》的必备条件。

（4）特殊情况

各品牌车型的保养规范是根据车辆一般使用条件确定的，若在非正常或者恶劣条件下使用，建议缩短保养间隔里程。

恶劣的使用条件是指：总是在市区内使用；频繁地起步、停车，经常低速行驶；长期在丘陵山地等复杂地形使用；经常短途行驶，发动机处于低温状态；长期在下列条件下使用：温度经常高于30 ℃的地区，温度经常低于 –15 ℃的地区；空气灰尘多的地区。

在实际工作中，服务顾问要遵循唯物辩证法中的"具体问题具体分析"，对在特殊环境下使用的车辆，向用户提供有针对性的保养方案，以科学的精神、负责的态度，做好建议和沟通。

4. 新能源车型的保养

（1）首次保养

对新能源车型来说，首次保养的周期与燃油车大致相同，但是由于动力形式的差异，也存在不同，下面以比亚迪新能源系列车型为例说明，见表 4 – 1。

表 4 – 1　不同类型的新能源车型首保周期（以比亚迪为例）

车型类别	首次保养周期
混合动力车型	自车辆交付之日起 6 个月或行驶里程 3 500 公里以内（HEV 里程）
纯电动车型	自车辆交付之日起 6 个月或行驶里程 5 000 公里以内

但由于新能源车型的动力系统有别于传统燃油车，因此在保养项目上，除了传统燃油车的各项功能的检查、底盘部件的检查、灯光和雨刮系统检查，以及各油液、滤网、滤芯的检查等，还需要进行高压部件的检查。以比亚迪汉 EV 车型为例，首保项目见表 4 – 2。

表 4 – 2　新能源车型首保项目

首次保养计划：自购买之日起 3 个月或 5 000 公里进行以下项目的检查（以比亚迪汉为例）				
底盘部件（制动、转向、悬架）	底盘部件（传动）	高压部件（动力总成、车载充电器等）	灯光与雨刮系统	油液、滤网、滤芯等
检查紧固底盘固定螺丝 检查制动踏板、电子驻车开关 检查制动摩擦片和制动盘 检查制动系统管路和软管 检查转向盘、转向拉杆	检查传动轴防尘罩 检查球销和防尘罩 检查前后悬架装置 检查轮胎和充气压力（含 TPMS） 检查前轮定位、后轮定位 检查车轮轴承有无游隙	检查动力电池托盘、护板、防撞杆、安装点扭矩（QH） 检查动力总成是否漏液、磕碰 检查高压线束或接插件是否松动 检查高压模块外观件是否变形、是否有油液 检查各充电连接器接口处是否有异物、烧蚀等情况 检查高压部件是否有涉水痕迹	检查灯具灯泡、ED 是否点亮正常 检查前灯调光功能是否正常 检查前舱盖铰链限位螺柱上的减震胶套是否磨破 检查雨刮刮臂锁紧螺母力矩	检查冷却液液面高度 检查制动液 检查活性炭高效过滤器（装有时） 检查普通滤网 检查 PM2.5 速测仪滤网 检查静电过滤器（装有时）

（2）定期保养

新能源车型的定期保养周期普遍长于燃油车，以比亚迪新能源车型为例，混合动力车型的定期保养间隔通常在 12 个月或 5 000～7 500 公里（以先达到者为准），纯电动车型通常在 12 个月或 20 000 公里（以先达到者为准），见表 4－3。

表 4－3　新能源车型的定期保养周期

车型类别	定期保养周期
混合动力车型	整车保养：12 个月或 7 500 公里（总里程）； 发动机项目保养：12 个月或 5 000 公里（HEV 里程）
纯电动车型	12 个月或 20 000 公里

新能源车型的定期保养项目与首保项目基本相同。对于纯电动车型来说，部分部件的保养间隔周期能达到 24 个月或 40 000 公里。此外，还有一些独立保养周期项目，具体见表 4－4。

表 4－4　新能源车型的定期保养项目及保养周期

保养项目	保养周期
参照首保项目	每隔 12 个月或 20 000 公里检查
• 检查制动踏板和电子驻车开关 • 检查制动系统管路和软管 • 检查制动钳总成导向销 • 检查转向盘、拉杆 • 检查传动轴防尘罩 • 检查球销和防尘罩 • 检查前后悬架装置 • 检查轮胎和充气压力（含 TPMS） • 检查前轮定位、后轮定位 • 检查车轮轴承有无游隙 • 检查 EPS ECU 外观是否被腐蚀	每隔 24 个月或 40 000 公里检查
检查动力电池满充满放	6 个月或 72 000 公里，以先达到者为准
检查制动钳总成导向销	首次 15 个月或 25 000 公里检查，后续每隔 24 个月或 40 000 公里检查
更换制动液	每行驶 2 年或 40 000 公里更换一次
更换驱动电机防冻液	每 4 年或 100 000 公里更换长效有机酸型冷却液，以先达到者为准
容量测试及校正	每 72 000 公里或 6 个月
检查和更换变速器内的齿轮油	首次更换齿轮油 24 个月或 40 000 公里，后续每 24 个月或 48 000 公里更换一次齿轮油

续表

保养项目	保养周期
更换电池冷却液（QH）	首次 2 年或 40 000 公里更换，以先达到者为准；非首次 2 年或 100 000 公里更换，以先达到者为准
检查近光初始下倾度校准	每隔 10 000 公里校准一次
检查前舱盖锁及其紧固件	每 12 个月检查
轮胎换位（每月至少检测一次轮胎和气压状况）	每 10 000 公里

与传统燃油车类似，若新能源车型长期在严酷条件下使用，就需要缩短保养间隔。
严酷使用条件通常如下：

①经常在多尘的地区行驶或经常暴露在含盐分的空气中。

②经常在颠簸的路面、有积水的路面或山路上行驶。

③经常在寒冷地区行驶。

④频繁地使用制动器、经常急刹车。

⑤经常作为牵引拖车。

⑥作为出租汽车使用。

⑦在 32 ℃以上的温度下，在交通拥挤的市区行驶时间超过总行驶时间的 50%。

⑧在 30 ℃以上的温度下，以 120 公里/时以上的车速行驶时间超过总行驶时间的 50%。

⑨经常超载行驶。

5. 保养费用

除了新车的首次保养外，其他所有保养项目都是需要收费的。由于各个品牌和车型的不同，所使用的备件以及操作工艺也不同，因此费用标准是有所差异的。但绝大部分品牌的保养和维修费用都分成备件费和工时费两部分。

（1）备件费

备件费是指在保养过程中，遇到需要更换汽车零备件时，就要通过购买而使用在保养车辆上。这些零备件的销售费用就是备件费。

（2）工时费

工时费就是维修工人完成一个项目所需要的费用，每个工时的费用，各个厂家都不同。例如，斯巴鲁傲虎更换变速箱油的工时费是 144 元，更换空气滤芯、空调滤芯的工时费是 48 元，更换正时皮带的工时费是 600 元。汉兰达更换变速箱油的工时费是 80 元，更换空调滤芯、空气滤芯的工时免费，正时皮带不用更换。

以下针对常见的对工时费的误解进行说明。

1）关于"1 工时 =1 小时"

就以宝马为例，一个工时约 38 元，每个工时为 5 分钟，即一个小时分 12 个工时，每小时工时费合计 450 元左右。不同地区的工时费指导价略有不同。同时，每个维修项目都有相应的工时，譬如更换机油、机滤，按照 6 个工时计算，约 220 元工时费。

另外，车型不同，同一项目的工时费也有差别。如凯迪拉克 CTS、SLS 等车型，更换机油、机滤工时费 280 元左右，CTS 和凯雷德则需要约 380 元。奥迪 A4L 更换机油、机滤 440

元左右，A6L 需要 480 多元。当然，即使是更换机油、机滤，所花费的时间每个品牌都各不一样，因此，也就产生了差别极大的工时费。造成工时费不同的原因包括品牌差异、操作项目难度、操作时间等。

2）工时=操作时间

操作时间应由以下几个时间组合构成：

①维修准备时间（包括接洽、调度、场地、工具、配件准备等工作时间）；

②车辆故障诊断时间（含维修前检测、诊断时间）；

③实际操作时间；

④试验、调试时间；

⑤场地清理时间。

3）工时费计价公式

目前，在各地普遍采用的工时费计价公式是：

$$工时费=工时定额×工时单价×该车型的技术复杂系数$$

其中，车型技术复杂系数有的地区未采用。

4.1.2 操作规范

1. 操作流程

本任务的操作内容，是在对客户的车辆完成预检后，服务顾问与客户沟通，明确客户需求，确定本次保养的项目，保证之后能顺利开展维修委托书的签订和派工工作。具体流程可参考示意图 4-2。

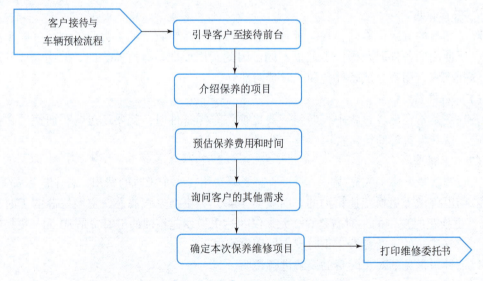

图4-2 保养项目的确认流程

2. 操作内容

（1）引导客户至接待前台

在接车区完成车辆的预检后，服务顾问应向客户简要说明接下来的安排。然后礼貌地将客户引导到接待前台就座，并为客户提供饮用水。

[示例]

——"李先生，我现在就安排您的爱车进车间做保养准备。请您跟我到接待前台，办理一下保养的手续。"

——"李先生，您请这边坐。我给您先倒杯水。"

（2）介绍保养的项目

如果客户本次来店有保养项目，需要使用保养表单向客户详细介绍保养的具体项目，尤其是客户未经历的保养内容。

[示例]

——"李先生，我给您详细介绍本次保养的项目。这次您的爱车做的是 30 000 公里保养，需要更换机油、机油滤清器、汽油滤清器、空滤器滤芯、座舱空气过滤器，由于行驶里程较长，火花塞也需要更换。同时，还会对全车底盘和车身主要部件的各项功能状况进行 20 多项检查。"

 **特别提示**

> 在向客户介绍保养项目时，建议借用客户的《质量担保和保养手册》一起进行解释，可以让客户感受到车辆保养的专业性和品牌管理的规范性。同时还能提醒客户注意了解《质量担保和保养手册》上的内容，主动获知售后的各项政策，有助于服务顾问开展工作。

（3）预估保养费用和时间

不论客户有无主动提及，服务顾问都应该针对本次的保养项目，给客户估算保养所需的费用，并逐项按照工时费、备件费两类费用分别说明。

此外，为了方便客户合理安排自己的时间，需要参考保养用时，主动给客户预估完工交车的时间。该时间要充分考虑到车间的工作量、保养维修时间、质检时间、清洗车辆时间和其余等待时间。

[示例]

——"李先生，这次您的爱车 30 000 公里保养的工时费大约是 300 元，备件费大约是 220 元。保养总共需要大约 1.5 个小时。"

 特别提示

> 对客户没有经历过的保养项目，需要主动向客户说明，本次的保养预估费用与上次的保养费用如有差异，应提前告知客户，这样有利于客户接受保养价格的变动。

（4）询问客户的其他需求

为了体现对客户用车的关心，服务顾问应该主动询问客户日常用车的状况，了解客户是否还有需要补充的检查或维修项目。

[示例]

—— "李先生，您还有其他要求或者需要我们检查的项目吗?"

 特别提示

通过询问，鼓励客户将任何细小的用车困惑都讲出来，这样既增加了对客户的关怀，也便于更好地满足客户的需求。

（5）确定本次保养维修项目

为了防止有遗漏，服务顾问应向客户再次复述本次保养的项目，明确客户的要求。

[示例]

—— "李先生，本次您的爱车就只需要做 30 000 公里的常规保养。没有问题的话，我就打印维修委托书。"

4.1.3 工具使用

1. 维修管理系统

将客户信息、车辆信息、保养要求输入维修管理系统中。利用维修管理系统查询本次保养的工时费和各个备件的费用。如图 4-3 所示。

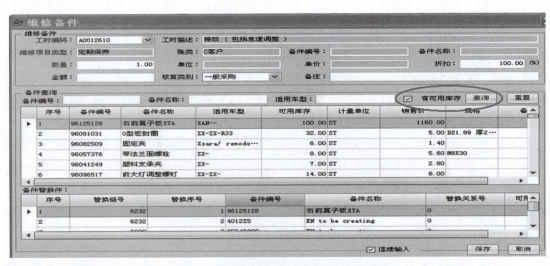

图 4-3 维修管理系统中的维修备件查询

2. 保养表单

借助品牌车型对应的保养表单，向客户说明保养计划和保养项目，如表 4-3 所示。

表4-3 某品牌定期保养表单的详细内容

首保	A	B	
			车辆内部操作
			检查　　　　　　　　　　　　　　　　　　检查结果及维修建议
○	○	○	各种灯光和喇叭
○	○	○	手制动状况
○	○	○	自诊断内存
			车辆底部操作
			更换
	○	○	发动机机油
	○	○	机油滤清器
		○	汽油滤清器
			检查　　　　　　　　　　　　　　　　　　检查结果及维修建议
○	○	○	发动机、变速箱有无渗漏
○	○	○	管路和液体的密封及状况
○	○	○	转向机构和传动轴防尘套的密封及状况
○	○	○	三角臂和连接杆球头的密封及状况
○	○	○	前后减震器的状况
○	○	○	排气管和车身底部
			发动机舱操作
			更换
		○	空滤器滤芯
		○	座舱空气过滤器
		○	火花塞
			检查液面或添加　　　　　　　　　　　　　　添加
○			发动机机油　　　　　　　　　　　　　　　　□
○	○	○	发动机冷却液　　　　　　　　　　　　　　　□
○	○	○	制动液　　　　　　　　　　　　　　　　　　□
○	○	○	助力转向液　　　　　　　　　　　　　　　　□
			检查　　　　　　　　　　　　　　　　　　检查结果及维修建议
○	○	○	离合器间隙或自调机构
○	○	○	蓄电池状态
○	○	○	风窗洗涤机构和液面
	○	○	附件皮带张力和状况
			清洁
	○		空滤器滤芯
	○		座舱空气过滤器

续表

首保	A	B		
			车辆外部操作	
			检查	检查结果及维修建议
	○	○	前制动摩擦片的磨损	
	○	○	后制动摩擦片的磨损	
○	○	○	轮胎（含备胎）状况、气压	
	○	○	整车目视检查	
			附加检查	
			检查	检查结果及维修建议
	○	○	排放检查	
	○	○	保养指示器复位	
	○		制动液	每两年必须更换 □
	○	○	冷却液	每两年必须更换 □
			正时皮带	非营运车每 90 000 公里或 6 年必须更换 □
				营运车每 60 000 公里必须更换 □
○	○	○	路试	

15 000 公里	30 000 公里	45 000 公里	60 000 公里
75 000 公里	90 000 公里	105 000 公里	120 000 公里
135 000 公里	150 000 公里	165 000 公里	180 000 公里
195 000 公里	210 000 公里	225 000 公里	240 000 公里
A	B	A	B

注：
A 类定期保养；B 类定期保养

在保养表单中，根据第一列"首保"下方的"○"标识，寻找对应的保养项目，可以看到首保需要做的项目。

而"A"所代表的 A 类保养，就是通常所说的小保养；"B"所代表的 B 类保养，就是通常所说的大保养。

3. 《质量担保和保养手册》

为了让客户更了解和认同保养项目，可以借用客户的《质量担保和保养手册》，翻看里面的保养要求和相关政策，与保养表单配合使用。如图 4-4~图 4-6 所示。

首次保养项目

什么时候进行首次保养？
东风雪铁龙规定行驶了7 500公里或6个月（以先达到者为限）应当进行首次保养。
注意：首次保养包括免费更换指定使用型号的机油和机油滤清器……

 更换或添加

- 更换发动机机油
- 更换机油滤清器
- 添加燃油添加剂

液位（检查）

- 冷却液
- 助力转向液
- 制动液

检查

- 各种灯光、喇叭和雨刮器
- 管路和壳体的密封及状况
- 发动机和变速箱的密封及状况

- 前后减震器的状况
- 排气管路、传动轴、球头、转向机构
- 防尘套密封及状况
- 轮胎（含备胎）气压状况
- 蓄电池的状况
- 离合器形成或自调机构
- 驻车制动状况
- 节气门，必要时清洁
- 清洁座舱空气过滤器
- 清洁空滤器滤芯
- 整车目视检查
- 排放检查
- 车辆路试

故障代码的读取和重新初始化

- 自诊断内存
- 保养提示初始化

图4-4　某品牌《质量担保和保养手册》首次保养内容

定期保养项目

 标准操作（7 500公里/6个月）

■ **更换**：机油滤清器

■ **液位**（检查，必要时添加或更换）
玻璃水/冷却液/制动液助力转向液

■ **检查**
信号灯/照明/指示灯/喇叭/雨刮
轮胎外观/气压/力矩
管路/壳体/发动机和变速箱密封
前后减震器状态/离合器自由行程
排气管路/传动轴/球头/转向机防尘套
前后制动摩擦片状态
蓄电池状态
驻车制动

■ **清洁**
空气滤清器滤芯/空调滤芯

■ **读取**：自诊断内存

■ **初始化**：保养提示器

■ **车辆路试**

一般操作（30 000公里/2年）

■ **检查**
制动钳、制动盘和管路
后制动摩擦片的磨损状态
附件皮带的张力和状况
轮毂轴承/稳定杆/三角臂等，以及弹性铰接的间隙

■ **更换**
汽油滤清器/空气滤清器滤芯/空调滤芯/火花塞

 正时皮带和附件皮带

EC5发动机（90 000公里/6年）更换
EC8发动机（90 000公里/6年）更换

 年限操作

制动液/冷却液/安全气囊

 专门操作

更换手动变速箱油（60 000公里/4年）
更换自动变速箱油（苛刻条件90 000公里/6年）

图4-5　某品牌《质量担保和保养手册》定期保养内容

维护保养表

定期保养项目	检查标准	保养说明
电池包外部线束及高低压接插件检查	O	
电池包与整车安装固定状态检查	O	
电池包进/出水管连接状态检查	O	
电池包箱体外观检查	O	每间隔20 000公里/12个月检查
600H箱体水管管夹检查	检查管夹有无脱落，丢失，是否固定良好	
BMS整体工作状态及上报数据检查	O	
更换减速器油	●	首次10 000公里/12个月，后面每间隔20 000公里/24个月
更换制动液	●	每间隔40 000公里/24个月（首次更换里程除外）
更换冷却液	每间隔10 000公里/12个月检查一次，缺少进行添加	每间隔80 000公里/48个月（首次更换里程除外）
更换空调空气滤清器滤芯	空气质量较好区域，建议6个月或1万公里（以先到为准）更换一次。空气质量较差的区域，需增加更换频率	
检查前轮定位、后轮定位		每间隔20 000公里/12个月
直流充电口、交流充电口及密封圈清洁	用清洁布清理充电口内泥沙；再用高压气枪对端子及充电座口内吹气，清洁灰尘与沙尘；将普通润滑凡士林均匀地涂在密封圈表面。整个保养清洁过程需注意避免污染端子等带电部位	每间隔20 000公里/12个月
检查前后轮制动盘、制动片	O	
检查轮胎、轮辋	检查轮胎磨损情况，校正轮胎气压，必要时进行轮胎换位，按规定力矩紧固车轮固定螺栓	
检查悬架、转向拉杆球头、转向器壳体、传动轴防尘罩等		
检查制动管路及其连接	如发现胶管有异常磨损、开裂、鼓包、划伤、烫伤和渗油等不良现象，需进行更换	
检查车门铰链、锁扣及车门限位器和前机舱盖、行李箱盖铰链及锁止装置		
检查用电设备功能	包括玻璃升降器、电动后视镜、空调、天窗等	
检查车内外照明	检查灯光情况	
保养里程周期复位		
电脑检测	用专用诊断设备读取各系统控制器内的故障存储信息	
检查雨刮器及清洗装置	检查雨刮刮片、刮痕、抖动，喷嘴喷水情况及高度	
检查蓄电池	检查电压	
检查驻车制动器	O	
检查前后减震器及弹簧	检查前后减震器及弹簧有无异常，检查底盘紧固件是否松动，如有松动，则必须按规定扭矩进行紧固	
安全带功能检测	O	
试车：动力性能、制动性能、转向性能、平顺性、噪声、挡位等	O	
检查散热器和冷凝器外表面异物（杨絮、灰尘、泥土、蚊虫尸体等），必要时进行清理或更换	使用路况和空气质量较好区域，建议半年或1万公里（以先到为准）检查一次；使用路况或空气质量较差的区域，需增加检查频率	
检查悬架组件	检查衬套有无老化、破损，杆件有无变形、裂纹	一般使用条件：每间隔20 000公里/12个月；严酷使用条件：每间隔10 000公里/6个月
检查底盘紧固件	按规定检查扭矩并紧固	一般使用条件：每间隔20 000公里/12个月；严酷使用条件：每间隔10 000公里/6个月
检查转向拉杆球头、转向器壳体传动轴防尘罩	球头有无松动，防尘罩有无漏油	一般使用条件：每间隔20 000公里/12个月；严酷使用条件：每间隔10 000公里/6个月

图4-6　新能源车型保养表（以某国产新能源品牌车型为例）

巩固练习

一、单项选择题

1. 车辆首次保养的行驶里程通常为（　　　）。

　　A. 2 000 公里以内 　　　　　　　　B. 3 000～5 000 公里

　　C. 10 000 公里 　　　　　　　　　D. 随时

2. 定期保养的周期通常是（　　　）。

　　A. 每 5 000 公里 　　　　　　　　B. 每 10 000 公里

　　C. 每 1 年 　　　　　　　　　　　D. 5 000 公里或 6 个月（以先达到者为准）

3. 车辆保养不包括（　　　）作业。

　　A. 检查 　　　　　　　　　　　　B. 调整

　　C. 更换 　　　　　　　　　　　　D. 维修

4. 下面关于保养费用的相关说法，正确的是（　　　）。

　　A. 保养是免费的

　　B. 保养因为不维修，所以只有人工费（工时费）

　　C. 保养收费按时间计算

　　D. 保养费用包含备件费和工时费

二、多项选择题

1. 常规保养的内容有（　　　）。

　　A. 更换机油滤清器或滤芯 　　　　B. 清洁或更换空滤、空调滤

　　C. 更换火花塞 　　　　　　　　　D. 更换刹车片

　　E. 更换雨刮和轮胎

2. 关于保养，下列说法不正确的是（　　　）。

　　A. 当行驶里程和时间都达到要求时，就可以保养车辆了

　　B. 保养是常规操作，所以每次的保养内容都一样

　　C. 如果车辆实际使用环境较差，应缩短保养周期

　　D. 保养没有技术含量，如果车辆没有使用问题，可以延迟保养

3. 车辆定期保养能带来的好处有（　　　）。

　　A. 了解车辆状况，及时发现潜在问题，消除早期隐患

　　B. 恢复车辆动力性、操控性等，提升驾驶体验感

　　C. 防止故障发生或车辆损失扩大

　　D. 花小钱省大钱

4. 下列（　　　）情况属于特殊环境，需要缩短保养周期。

　　A. 长期在市区行车

　　B. 经常跑山路

　　C. 频繁起步、刹车、低速行驶

　　D. 行驶区域尘土过大

　　E. 长时间在高温环境、高原环境行驶

 拓展学习

常见保养项目工艺规范

1. 发动机机油更换

①车辆停放在水平地面10分钟以上，检查机油液位应在机油标尺下限标记以上，如液位过低，应先查明原因；

②加热整车，使得油温在90 ℃以上（大约10分钟），然后放油15分钟以上，排空机油，至呈滴状流出且≤1滴/秒；

③更换放油螺塞密封圈，螺塞用手完全拧入后拧紧。

④更换机油滤清器或滤芯，如图4-7所示。

图4-7　发动机机油更换

2. 发动机机油加注

①加注标准量的机油，或接近机油标尺上限处；

②起动发动机运行1分钟以上，同时检查有无机油泄漏；

③车辆停放在水平地面10分钟以上，观察机油液位不高于上限，且不低于上限以下4毫米，清洁擦拭干净。

3. 节气门检查

①打开发动机罩，等待车辆休眠后，断开附件蓄电池正极电缆。

②拆卸进气管、空滤和节气门的固定螺栓，取下节气门。

③使用清洁剂，清洗节气门上的积炭和油泥。

④清洗干净后，重新紧固节气门，安装空滤和进气管。

⑤连接附件蓄电池正极电缆。

⑥用诊断仪检测，同时删除因此操作导致的临时故障码。

4. 前制动、后制动（盘式）检查

①拆下车轮；

②用塞尺测量制动块的厚度，用千分尺测量制动盘厚度，必要时测量制动盘的端面跳动量；

③检查磨损警报灯导线的状况和走向（依车型定），制动钳回位和分泵漏油状况，ABS齿圈的清洁状况，ABS传感器固定、线束走向及固定情况，以及制动钳回位情况。

④装上车轮。

5. 轮胎检查（见图4-8）

①清理轮胎花纹中夹杂的明显的石子或异物；

②目视检查轮胎有无裂纹、缺损或鼓包；轮胎型号是否相同，花纹是否一致；轮胎安装方向是否正确；平衡块是否缺失；轮辋是否变形。

③检查轮胎是否偏磨，使用深度尺测量轮胎花纹深度。

④检查气门嘴位置是否居中，有无裂纹、破损。

⑤按门框上的标记用压力表测量轮胎压力；

⑥给压力不足的轮胎加气或给压力过高的轮胎放气；对于带间接胎压监测系统的车辆，调整完压力以后进行胎压标定操作，以初始化胎压监测系统。

⑦按规定的拧紧力矩拧紧车轮螺栓。

图4-8 轮胎检查

维修项目的沟通
操作示范

❋子任务4.2 车辆维修项目的沟通与确立

※建议学时：4学时

 任务下达

今天上午11：00，李先生驾驶他的雪铁龙C6 2021款400THP舒适版来店，反映车辆最近跑高速时，加油反应迟缓，想对车辆进行检查。作为服务顾问，请你安排车间对李先生的爱车进行深入检查，查明原因，并且向李先生详细地解释说明，确定本次的维修项目。

 任务工单

详见"学生工作页"任务四　子任务4.2。

4.2.1 知识准备

1. 车辆故障形成的原因

汽车是一个精密的机械电气设备，其故障形成的原因较多。

（1）汽车本身存在着易损零件

汽车在设计时，因各种因素和对功能的不同要求，各零件有不同的寿命，如汽车某些零部件在恶劣的环境下工作，如发动机轴承、火花塞等，这些零部件就称为易损件。

（2）零件本身质量有差异

汽车和汽车零件是大批量的，是由不同厂家生产的，不可避免地存在质量差异。原厂配件在使用中都可能会出现问题，非原厂的不合格配件装到汽车上，更会出现问题。

（3）汽车消耗品质量差异

汽车消耗品主要有燃油和润滑油等，若汽车消耗品质量差，会造成燃烧室积炭、运动接触面超常磨损等，严重影响汽车的使用性能而发生故障。

（4）汽车使用环境的影响

汽车是在野外露天等不断变化的环境里工作的。如高速公路路面宽阔平坦，汽车速度过高，易出事故；道路不平，汽车振动颠簸严重，易受损伤。不适当的条件都会使汽车使用工况发生变化，容易发生故障。

（5）驾驶技术和日常保养的影响

如汽车的日常使用、管理、保养不善，不能按规定操作和定期进行维护，野蛮起动或者野蛮驾驶等，都会使汽车损坏或出现故障。

（6）汽车故障诊断技术和维修技术的影响

汽车在使用中如有故障，要及时维修，出了故障，要做出准确的诊断，才可能修好。在汽车使用、维护、故障诊断和维修作业中，对维修人员的要求越来越高，特别是现代汽车，高新技术应用较多，这就要求维修人员要了解和掌握汽车的新技术。不会修不能乱修，不懂不能乱动，以免旧病未除，新病又出现了。

2. 车辆常见故障

（1）燃油车常见故障

了解车辆常见的故障，是服务顾问顺利完成工作的必要条件。当客户车辆有报修故障时，服务顾问可以有针对性地进行环车检查和问诊。当客户询问或抱有疑惑时，服务顾问可以现场给予一些专业合理的解释，既体现了服务顾问的专业性，又能赢得良好的客户感知。

车辆的故障种类繁多，表现形式和产生的原因也不尽相同。但归结起来，常见的故障主要分为动力总成类、底盘类、车身电气类三大类。

1）动力总成类

①发动机不能起动。

发生这类现象的原因有很多种，可以考虑之前是否洗过发动机，造成分电器、点火模块、火花塞、高压线等进水受潮？或者火花塞有无损坏？蓄电池电压是否不足？甚至惯性开关是否断开？

此类问题的预防和解决措施有：避免直接冲洗发动机；定期检查、调整或更换火花塞；到指定服务站检查、更换损坏件；给蓄电池充电；按下惯性开关，恢复电路。

②怠速抖动、加油迟缓。

如果车辆是在怠速的情况下出现严重抖动的现象，或者不能正常起动，一般是由于节气门过脏，喷油嘴的积炭过多。

③油耗过高。

油耗过高，除了发动机使用时间过长，通常都是其他原因导致的，比如胎压不足；热车太久；粗暴驾驶；空调长时间运行或制冷效果不佳；长时间停车等人不熄火、开空调；长时间使用不必要的电器；经常短途行驶，经常在市区红绿灯路段行驶；车上放置过多杂物等。这些原因，一部分与交通路况有关，大多数则与车主的用车、驾驶习惯有关。

④发动机水温过高。

水温过高是发动机的散热系统出现了故障。应该检查冷却液是否缺少？有无泄漏？查看冷却风扇是否正常运转？

2）底盘类

①转向沉重。

造成转向沉重的原因有：轮胎气压不够，助力转向液不够，前轮定位不准，转向机或转向球节磨损严重。根据检查结果，给轮胎充足气压，添加助力转向液，进行四轮定位检测，维修或者更换新的备件。

②高速时方向盘发抖。

如果出现这种现象，就要考虑轮胎在拆装后是否进行动平衡检测？轮毂有无受过撞击变形？轮毂上的平衡块是否脱落？车轮上是否沾有泥块？然后针对检查情况，进行轮胎动平衡检测，清洗车轮，更换轮毂即可。

③行驶时跑偏。

有跑偏的情况，可能是左右轮胎气压不一致，或者是前轮定位不准。需要检查并调整轮胎气压，同时，要到可靠的服务站检修。

④底盘异响。

发现底盘异响，通常都是机械类的故障，要慎重对待，它可能涉及车辆转向系、传动系、制动系、减震机构等，需要尽快判断异响部位，只有异响发生时的操作，才能判断出是哪些部件出现了故障，应尽早解决，防患于未然。

3）车身电气类

车身电气类的故障，原因相对简单，要么是电路接触不良、断路；要么是控制器有问题；要么是执行机构有问题。经过试验，就可以发现故障，更换坏掉的部件即可排除故障。

比如雨刮器的常见故障有：完全不工作；无间歇挡或间歇时间不对；无低速挡；无高速挡；关闭开关后，雨刷不能自动回位。对于此类常规电气系统故障，应首先检查系统电源电路，大部分是由于保险丝被烧断或接地点不良导致的。

（2）新能源车型常见故障

新能源车型除了动力系统外，其他与燃油车基本相同，因此常见故障也包括底盘故障、电气故障、车身故障等，而动力系统故障主要是"三电系统"中动力电池、电机的故障。此外，对于混动车辆中的插电混动车和纯电动车，还有一套充放电系统，也存在故障可能。常见的新能源车型故障如下：

①异常的电动机起动噪声。

②电机有卡滞现象及异常响声。

③电机运转时有过大振动。

④电机无法起动。

⑤电动总成有漏油现象。

⑥电动总成有异味排出。

⑦动力显著降低。

⑧电动机冷却液温度持续偏高。

⑨电池容量显著下降。

⑩电池温度持续高温、过热保护、无动力输出。

3. CRS 沟通法

在向客户说明维修项目时，为了更清楚地解释，服务顾问可以用 CRS 沟通法，即遵循 CRS 的陈述原则，也就是按照 C（原因）——R（解决方式）——S（意见征询）的陈述顺序，通过如实坦诚的方式，获得客户的信任和理解，实现双赢。

Consequence（原因），是指服务顾问需要把导致这种现象的原因向客户进行解释。

Resolve（解决办法），是指结合故障原因，服务顾问向客户提供解决方案。

Suggest（意见征询），服务的要点在于尊重客户的意愿，因此，服务顾问在为客户提出解决方案后，要由客户来决定选择哪一种方式，从而使客户产生被尊重的感觉，在客户心情愉悦的情况下，使客户接受建议并做出决定。

[示例]

C（原因）——经过检查，我们发现您的爱车转向有些费力，是因为助力液缺少了，转向机构没有问题。

R（解决方式）——只要添加转向助力液，转向就正常了。

S（意见征询）——您看这样处理可以吗？

素养提升 4-3

随着行业新技术的不断更迭，对服务顾问的专业素养有了更高的要求。在技术项目的沟通服务中，想让客户感受到专业、严谨、周到，服务顾问不仅要紧跟行业新动态，注重专业知识的提升更新，还要具备守正创新的精神，用多样化、人性化的沟通方法，提供全面、有价值的信息内容，解决客户疑问，赢得客户信任。

4.2.2 操作规范

1. 操作流程

维修项目的操作流程如图4-9所示。

2. 操作内容

（1）引导客户至休息区

在接车区完成车辆的环车检查后，服务顾问应向客户简要说明，车辆将送入车间，对报修故障进行检查。然后礼貌地将客户引导到客户休息室就座，等待检查结果，并为客户提供三种以上饮品选择。

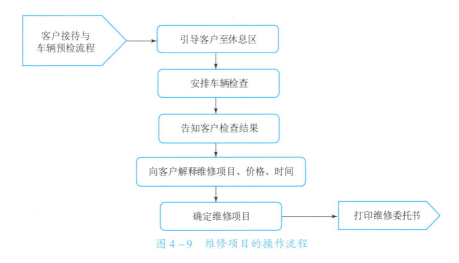

图4-9 维修项目的操作流程

[示例]

——"李先生，我现在就安排您的爱车进车间进行故障检查，大概需要20分钟，请您先跟我到休息区稍做休息。"

——"李先生，我给您先倒杯饮品，您看喝点什么？"

 特别提示

服务顾问离去前，可以简要介绍休息室的休闲娱乐设施，同时给客户预估一个车辆检查所需的时间。

（2）安排车辆检查

服务顾问安顿好客户后，将车钥匙、预检单交给车间主管，并依照问诊的情况，详细告知车辆故障的相关信息。同时，服务顾问应向车间主管了解检查故障所需的大致时间，约定好再次沟通。

（3）告知客户检查结果

当车间检查结果出来后，服务顾问应与车间主管沟通，了解车辆的故障情况、产生原因和处理办法。并将上述内容的要点，记录在预检单上。然后，到客户休息室向客户详细解释车辆的故障情况和原因，并说明建议的处理办法。

[示例]

——"李先生，您爱车的检查结果出来了。维修技师发现加油反应迟缓的原因是节气门有积炭，只要消除节气门的积炭，这种情况就可以得到很好的缓解。"

 特别提示

在向客户建议维修项目前，一定要先关注客户提出的检查要求。因此，要从客户报修的车辆故障着手，说明检查过程、发生原因，这样在给客户建议维修项目时，客户才会信服，才会放心。

（4）向客户解释维修项目、价格、时间

服务顾问在向客户解释维修项目时，应逻辑清晰，讲解细致。可以采用CRS法进行沟通，获得客户认同。还需要主动向客户说明维修所需的大致费用以及维修所需的大致时间，供客户参考决定。

在向客户估算维修费用时，应根据维修项目的不同，逐项按照工时费、备件费两类费用分别说明。

此外，为了方便客户合理安排自己的时间，需要主动给客户预估完工交车的时间。但在维修过程中有很多不可控因素，因此，除了要充分考虑到车间的工作量、维修时间、质检时间、清洗车辆时间外，还需要预留一些机动时间，防止意外情况。

[示例]

——"李先生，消除节气门的积炭，需要用到积炭清洗剂，对节气门进行清洁。积炭清洗剂可以彻底清除气门以及燃油管路里的积炭，无腐蚀、无不良反应，而且至少能维持半年，油路都不易再出现这样的问题。您大可放心。"

——"李先生，这次解决车辆加油迟缓问题所需的积炭清洁剂，一瓶120元，清洗节气门和油路的工时费100元，总计220元。这次维修大概需要1个小时。"

素养提升4-4

服务顾问在工作中要体现以客户为中心的服务意识。在签订维修委托书前，要主动向客户告知车辆检查结果、故障原因和相关信息，并与客户协商确定处理办法，这是对客户最基本的尊重，让客户拥有充分的知情权、决策权。

（5）确认维修项目

为了体现对客户用车的关心，服务顾问应该主动询问客户日常用车的状况，了解客户是否还有需要补充的检查或维修内容。如果没有补充，服务顾问应向客户再次复述本次维修的项目，明确客户的要求，防止遗漏。如果客户有补充，就记录在预检单中，如需检查，就再次通知车间，如果不需要检查，项目明确，可以随后一起制作维修委托书。

[示例]

——"李先生，您看还有其他需要吗？没有问题的话，我就打印维修委托书。"

4.2.3 工具使用

1. 维修管理系统

将客户信息、车辆信息、保养要求，输入维修管理系统中。利用维修管理系统查询本次保养的工时费和各个备件的费用。

2. 预检单

车间人员对车辆故障的检查结果，要如实、详细地记录在预检单上，这样，服务顾问在向客户说明维修项目时，才有理有据。如图4-10所示。

检查结果	节气门和油路积炭严重
维修方案	清洗节气门和油路

图 4 - 10　记录在预检单上的检查结果

巩固练习

一、单项选择题

1. 车辆首次保养的行驶里程通常为（　　）。

　　A. 2 000 公里以内　　　　　　　　　　B. 3 000～5 000 公里

　　C. 10 000 公里　　　　　　　　　　　　D. 随时

2. 以下（　　）故障可能不是发动机故障导致的。

　　A. 怠速抖动　　　　B. 加速迟缓　　　　C. 无法起动　　　　D. 油耗高

3. 以下（　　）不属于车辆常见故障。

　　A. 动力总成类故障　　　　　　　　　　B. 底盘类故障

　　C. 制动片磨损、雨刮磨损　　　　　　　D. 电气类故障

二、多项选择题

1. 车辆常见的故障可能与下列（　　）原因有关。

　　A. 本身有易损件　　　　　　　　　　　B. 零备件质量差异

　　C. 使用环境的影响　　　　　　　　　　D. 驾驶习惯、养护习惯

2. 下列（　　）故障属于底盘故障。

　　A. 方向跑偏　　　　　　　　　　　　　B. 转向沉重

　　C. 车辆在不平路面行驶颠簸感强　　　　D. 制动距离变长或有异响

3. 对车辆故障的处理，以下做法不正确的是（　　）。

　　A. 发现故障立即处理，待完工后向车主通报结果

　　B. 务必让车主同意维修处理

　　C. 根据车主意见，确定是否维修处理

　　D. 如果不是车主报修的故障，不进行处理，也不用询问

拓展学习

车辆季节性故障的预防

1. 春、秋季常见故障预防

①发动机动力性下降：春季"柳絮"多，秋季"风沙"大，容易堵塞空滤，使发动机进气不畅，影响动力性，应及时清洁或更换空气过滤器；

②发动机散热性能下降：如果散热器和冷凝器上沾了大量的"柳絮"，会影响发动机的散热性能，引起发动机水温过高，需要及时清洗散热器及冷凝器；

③制动性能下降：春、秋季雨水多、湿度大，制动液容易吸收水分，影响制动力传递；

④车内异味：春、秋季温度变化大、潮湿，加上冬季、夏季空调使用频繁且开窗通风少，易滋生霉菌，引起车内及空调管路异味，重点清洁空调系统、座椅、中控面板和各处死角。

⑤车窗玻璃升降不畅：秋季落叶多，风沙大，车窗玻璃导槽里面杂物过多，会造成窗玻璃升降器出现问题，要注意清理导槽。

2. 夏季常见故障预防

①空调故障：如空调无力，空调噪声，空调不凉，空调异味，冷气不畅等。

②润滑不良：温度升高，机油黏度下降，造成润滑不良，进而增加汽车的机械磨损。应经常检查油量油质，并及时添加或更换。

③爆胎：高温、高速及轮胎内气体热胀冷缩，易引起爆胎。应每周定期检查胎压，清除轮胎的杂质，防止车速过快，避免急加速急刹车。

④刹车失灵：制动液在高温环境中易汽化，在制动管路中形成气阻，造成制动失灵。

⑤车漆受损：车漆长期暴晒会发旧、起皱，阳光和紫外线照射也会锈蚀车漆，要避免车辆在阳光下直晒。

3. 冬季常见故障预防

①蓄电池亏电：低温下，蓄电池的电解液活跃程度相对较低，储电能力较差。要注意时刻检查蓄电池电量，熄火后不要忘记关空调、大灯等用电设备，避免亏电。

②起动困难：蓄电池电量不足是主要原因之一，当车辆点火一次没有启动时，要等30秒左右后再次起动，切忌连续点火，以免蓄电池电量耗尽。此外，机油在冬季黏度会增加，使发动机阻力加大，可以适当改换黏度稀一点的机油。

③加速无力：车辆在低温下加速无力，可能是热车不充分造成的，等水温达到正常温度，故障就消失了；也可能是火花塞或点火线圈故障，同时故障灯会发出提示。建议定期检查火花塞，如果积炭过多或间隙过大，应及时清理或更换。

④ABS故障灯亮起：在雪天行驶时，车轮内侧的ABS传感器与积雪发生接触，出现和连接磁感应线圈接触不良现象，导致ABS在自检时出现故障。一般在雪水干了以后，故障就会消失。若报警灯仍然不灭，可去专业机构清理一下ABS传感器并进行故障检测。

⑤水温上不来：多数表现为堵车或等红灯时水温回升，车行驶起来温度迅速下降。出现这种情况的最主要原因是节温器故障，更换节温器后一般可以得到改善。

⑥冷车急速抖动：故障原因一般包括：发动机机械故障，如各气缸压力低；进气系统故障，如进气管漏气；进气门背部及进气管内积炭过多；发动机管理系统故障，如水温、进气温度信号不正确，线路存在故障等；点火系统故障，如火花塞积炭过多或间隙不正确，高压线、分电器盖漏电，以及点火线圈损坏等；供油系统故障，如喷油器内部胶质积炭过多，造成喷油器关闭不严或堵塞等。

❄子任务4.3　维修委托书的完成和维修派工

签订维修委托书
操作示范

※建议学时：2学时

任务下达

服务顾问小陈已经跟李先生确定好了本次维修保养的项目，现在，需要打印维修委托书，完成签订工作，并安排车辆进车间保养维修，安顿好客户。

任务工单

详见"学生工作页"任务四 子任务4.3。

4.3.1 知识准备

1. 维修委托书的作用

维修委托书，俗称派工单，记录了维修企业对客户车辆故障处理的详细说明，是维修技师对车辆进行维修的依据。维修委托书通常由计算机出单，是汽车维修企业进行车辆维修与内部管理的重要文件之一。通过维修委托书，可以对维修技师的工作量进行考核统计，它也是企业维修费用和零部件存货的审计依据。

维修委托书是客户与企业之间在维修项目和预期费用方面达成的协议，它明确了双方在维修服务过程中的权益。如果双方发生争议，维修委托书是最有法律效力的重要文件之一。

> **素养提升4-5**
>
> 维修委托书等合同文件上所有的信息内容和标识，都是重要的法律依据。服务顾问在此项工作中，要牢牢树立法制观念、增强法律意识，遵纪守法，实事求是，严格履行告知义务，严谨完成维修委托书的制定和打印工作，严肃对待"意见""签字"等重要信息，用法律为客户和企业的利益保驾护航。

2. 维修委托书的主要信息

车辆信息：车牌号、车型、行驶里程、颜色、VIN码等；

客户信息：送修人、联系方式、车主、联系地址等；

委托维修内容：维修项目、维修技工、备件、价格、增项、费用估算、维修时间；

确认项目：是否保留旧件、是否洗车、是否在店等候；

维修委托书一般一式三份，客户、维修车间、财务各拿一份，作为留底凭证。

4.3.2 操作规范

1. 操作流程

维修委托书的签订流程如图4-11所示。

2. 操作规范

（1）打印维修委托书

根据客户的维修保养要求，将所有信息输入维修管理系统中，核对检查，无错误、无疏漏后，开始打印。

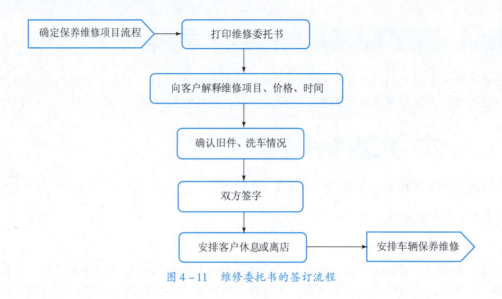

图4-11　维修委托书的签订流程

[示例]

——"李先生，我现在打印您的维修委托书，请稍等。"

（2）向客户解释维修项目、价格、时间

跟客户核实维修委托书中的每项维修项目、对应费用、预计交车时间等信息。其中对维修费用的估算，需要按备件费、工时费进行细化，并向客户说明最终的费用以结算单为准。

涉及免费的项目，如保修、店内活动等，也要跟客户解释说明。

[示例]

——"李先生，这是维修委托书，您看一下。本次车辆30 000公里保养的工时费是300元，保养需要更换机油1桶，170元；机油滤清器1个，30元；汽油滤清器1个，50元；空滤器滤芯1个，50元；座舱空气滤清器1个，50元；还有火花塞4个，500元。同时，维修需要使用积炭清洗剂，一瓶120元，清洗节气门和油路的工时费100元。两项工时费合计400元，备件费合计970元，总计1 370元。最终的费用，以结算单为准。"

——"李先生，这次保养维修大概需要2.5个小时。如果在维修过程中，技师发现有要修改或增补的项目，我会第一时间先联系您。"

 特别提示

服务顾问需要向客户说明，在维修过程中如发现需修改或增补维修项目，将会第一时间联系客户。

在给客户进行解释的过程中，依照礼仪规范，应该让客户方便看到维修委托书上的内容，并逐项指出。

（3）确认旧件、洗车情况

解释完上述内容后，服务顾问需要询问客户，在保养维修结束后，换下的旧件是否需要带走，以及是否需要免费清洗车辆。然后在维修委托书的相应位置记录下客户的要求。

最后，服务顾问要询问客户有无其他需求，避免客户存在疑惑或顾虑。

[示例]

——"李先生，您这次保养维修更换下来的旧件需要带走，还是留在店内？"

——"李先生，我们店提供免费的车辆清洗服务，您这次保养维修完，是否需要对爱车清洗一下？"

——"李先生，您看还有其他要求吗？"

（4）双方签字

服务顾问请客户核对维修委托书上的所有信息，包括联系方式，并获得确认。然后由服务顾问先签字，再请客户签字。签字后，将维修委托书的"客户联"交给客户，作为取车凭证，并告知妥善保管。

[示例]

——"李先生，您的联系方式没有变动吧？请您核对维修委托书上的信息，如果没有问题，请您在这里签字确认。"

——"李先生，这是维修委托书的客户联，它是取车的凭证，请您收好。"

（5）安排客户休息或离店

咨询客户在车辆保养维修期间是否在店内等待。如客户在店内等待，服务顾问将客户引导至休息室，倒上饮品，并简要介绍店内的娱乐休闲设施。如客户不愿意在店内等待，则礼貌、热情地送客户到店门口。

服务顾问离开前，应告知客户，会随时跟进维修作业，第一时间通报保养维修进展。

[示例]

——"李先生，您是打算在店里等待维修结束，还是有其他安排需要离店？"

——"李先生，您这边请，我带您到客户休息室休息。"

——"李先生，您请坐，您需要喝点什么饮品？我们这里免费提供咖啡、茶水和果汁。另外，还有无线 WiFi 和报纸杂志供您使用。"

——"李先生，您先休息，我这就安排车间进行保养维修，其间我会随时跟进维修进度，并及时通知您的。"

 特别提示

如果客户离店遇到交通或其他方面的困难，如下雨，服务顾问应利用店内可以利用的资源，帮助客户解决困难，提供方便。

（6）安排车辆保养维修

安顿好客户后，服务顾问第一时间将维修委托书交给车间主管，与车间主管沟通客户的维修保养要求。

4.3.3 工具使用

1. 维修管理系统

完善维修管理系统中的内容，包括车辆相关信息、预计交车时间、客户确认的维修项目、所需的备件、费用预估。将制作好的维修委托书打印出来。

2. 维修委托书

在打印出的维修委托书中，对"旧件和清洗车辆"两项内容进行补充完善，然后服务顾问先签字，再请客户签字确认。签字后，将维修委托书的客户联交给客户收存。

打印好的维修委托书要求信息完整、准确，格式符合要求，无改动。如图4-12和图4-13所示。

委托维修派工单

车主	李明		联系地址	XX市未央区文景路19号		报修人	李明
车主电话	139XXXXXXXX					报修人电话	139XXXXXXXX
派工单号	接车日期		牌照号	车型		C6 2021款400THP	
GD2017051401	XXXX-XX-XX		陕A 12XXX	东风雪铁龙		LDCXXXXXXXXXXXX	
备件组织号	购车日期		首保日期	行驶里程		预计交车时间	
	XXXX-XX-XX		XXXX-XX-XX	29 800公里		14：10	

序号	维修内容	工时	单价	工时费	维修项目类型	维修班组	维修人员
1	30 000公里定期保养	2	150	300	机电	机电3组	赵路
2	清洗节气门	1	100	100	机电	机电3组	赵路
3							
4							
5							
6							
7							

序号	备件编码	备件名称	数量	单价	备件费	维修项目类型	备注
1		机油	1桶	170	170		
2		机油滤清器	1个	30	30		
3		汽油滤清器	1个	50	50		
4		空调器滤芯	1个	50	50		
5		座舱空气滤清器	1个	50	50		
6		火花塞	4个	125	500		
7		积炭清洗剂	1瓶	120	120		
8							
9							
10							
11							
12							

建议维修项目

客户意见		维修费用预估	工时费	400元	本费用为预估费用，实际费用以车辆维修结算单为准。
本次维修的旧件您希望：带走 ☑ 不带走 □			备件费	970元	
声明：质量担保更换的备件所有权归东风雪铁龙			其他		
您的车辆是否需要清洗：清洗 ☑ 不清洗 □			总计	1 370元	

本派工单一式三份，客户、财务、车间各执一份。维修前请客户仔细阅读维修须知（见客户联背面），双方签字后，派工单上所记录的内容均要被遵守。

客户签名：李明　　　　　　　接车员签名：陈冬

图4-12　打印并签订完毕的维修委托书

陕西景龙汽车销售服务有限公司维修工单

服务店代码:BYDSX073W_____ 　　工单类型: 维修____ 　　派工类型:B____
制单人:_____ 　　打印日期: 2023-12-30 10:17:43 　　优先派工:☑是 □否
维修类型: 常规保养

服务顾问	焦某某	工单号	BYDSX073WR0231201567		预约单号	BYDSX073WY023120069 1
顾客姓名	王某某	顾客手机	18049081689	VIP类型	送修人	王某某
送修人手机	18049081689	送修时间	2023-12-30 10:17	预计交车时间	2023-12-30 11:15	行驶总里程	19136.0
购车日期	2022-10-27	品牌	比亚迪	车系	2022款唐EV	车型	BYD6490SBEV7730KM尊 享型(7座金鳞橙)
交车日期	2022-10-27	车牌号	陕AD61207	VIN	LC0CE4CD6N0375846	发动机号	TZ200XSU1G2154418

顾客是否在店等待 □ 是否洗车 □ 是否路试 □ 是否带走旧件 □
送修问题 保养1、车辆打方向，有异响
检查结果 保养

序号	收费区分	项目/故障描述/代码	工时/数量	技师	自检确认	单价	金额
维修项目							
1		车辆健诊服务	1.0			240.00	免费
2		售后服务六件套	1.0			6.00	免费
3		WSTESTJ00101GH00 常规保养	2.0			150.00	255.00
维修材料							
1		12603055-00 空调清洗剂	2.0			29.00	58.00
2		13033898-00 ST-8121211E-E1_高效过滤器 M00666	1.0			45.00	45.00

预估维修总费用:358.00 　　其中工时费:255.00 　　材料费:103.00 　　其他费用:0.00

本人授权陕西景龙汽车销售服务有限公司维修本车辆，同意以上所列维修项目及所更换备件并愿意支付以上所产生的费用。如在维修过程中发生的追加项目，必须在征得本人同意后，贵店方可增加，以出厂结算单为正式结算依据。

顾客签字: 　　　　　　　　　　　　年　　　　　月　　　　　日　　　　　时

		追加项目					
序号	收费区分	项目/故障描述/代码/维修材料	工时/数量	技师	自检确认	单价	金额

预估维修总费用: 　　其中工时费: 　　材料费: 　　其他费用:
追加项目时间: 　　时　　　　分　　　　追加项目完工时间: 　　月　　日　　时　　分

本人授权以上维修追加项目，并愿意支付上述维修产生的费用，以出厂结算单为正式结算依据。□
本人已获告知、但不授权序号为_____的维修追加项目，并对由此而产生的问题负责。　　顾客签字:

维修班组长签字: 　　邀请顾客试车:□是 □否　　质检员签字: 　　年　　月　　日　　时
完工时间: 　　年　　月　　日　　时

	交车确认	
维修项目全部完成	车辆清洁	增值服务完工确认
□是 □否	□外观 □烟灰缸 □内饰 □发动机舱	□车辆健诊服务 □售后服务六件套 □保养里程及时间提醒设置更新
		交车确认签字:

图 4-13 新能源车型维修委托书示例

3. 《质量担保和保养手册》

收取客户的《质量担保和保养手册》，在相应位置，填写保养记录并盖章，如图 4-14 所示。

素养提升 4-6

随着行业数字化转型，服务顾问必须提高自身对数字化工具的使用能力，熟练掌握与工作相关的业务操作系统，并且要具备迭代学习和运用信息的能力，除了制作电子表单外，还要能进行信息的搜集、查询，以适应高效、多样的工作要求。

保养记录		
首次保养 行驶 7 500 公里或 6 个月 （以先达到者为准）	**定期保养** 行驶 15 000 公里或 1 年 （以先达到者为准）	**定期保养** 行驶 22 500 公里或 1.5 年 （以先达到者为准）
日期： 行驶里程： 下次保养类型： 下次保养时间：	日期： 行驶里程： 下次保养类型： 下次保养时间：	日期： 行驶里程： 下次保养类型： 下次保养时间：
定期保养 行驶 30 000 公里或 2 年 （以先达到者为准）	**定期保养** 行驶 37 500 公里或 2.5 年 （以先达到者为准）	**定期保养** 行驶 45 000 公里或 3 年 （以先达到者为准）
日期： 行驶里程： 下次保养类型： 下次保养时间：	日期： 行驶里程： 下次保养类型： 下次保养时间：	日期： 行驶里程： 下次保养类型： 下次保养时间：

注：每次保养后由 XX 品牌特约商盖章

图 4-14 《质量担保和保养手册》盖章处

巩固练习

一、多项选择题

1. 维修委托书上的信息必须包括（　　）。

    A. 车辆信息　　　　　　　　　　B. 客户信息

    C. 委托的项目　　　　　　　　　D. 其他服务项目（如洗车）

2. 以下关于维修委托书的签订，做法正确的有（　　）。

    A. 签字前跟客户核对委托项目的内容和费用

    B. 明确说明委托书上的费用是最终确定的费用，不会变更

    C. 如果客户着急，可以一边维修一边制作和签订维修委托书

    D. 维修委托书签订后才能开工

3. 以下做法正确的是（　　）。

    A. 车辆保养维修期间尽量不让客户离店

    B. 涉及保养、保修的项目，要登记信息

    C. 允许客户自带备件进行更换，但需要备注来源，并说明责任划分

    D. 签订维修委托书后，应及时交款，才能进行维修

二、判断题

1. 维修委托书需要双方签字确认，才具有法律效力。（　　）

2. 维修委托书上由于项目、费用等已经明确标明，因此可以不进行解释说明。（　　）

3. 维修委托书如果有内容变更，可以告知客户后直接手写进行更改。（　　）

拓展学习

1. 某品牌汽车常用备件、保养工时价目表

某品牌汽车常用备件、保养工时价目表（长城汽车工时费参照表）如表 4-4 所示。

表 4-4 某品牌汽车常用备件、保养工时价目表（长城汽车工时费参照表） 元

序号	维修项目	工时费	序号	维修项目	工时费
1	一保	50	37	更换离合器主缸	60
2	二保	50	38	更换离合器轮缸	50
3	常规保养	80	39	更换真空助力器	100
4	四轮定位	120	40	更换起动机	60
5	四轮平衡	80	41	更换水泵	350
6	四轮保养	160	42	更换压缩机	100
7	清洗油路	200	43	更换电子扇	120
8	更换球销（单个）	120	44	拆装散热器	150
9	大修变速器	400	45	更换节温器	80
10	大修变速器（四驱）	500	46	更换曲轴前油封	150
11	更换正时带	300	47	检修水管漏水	50
12	拆装缸盖	300	48	检修空调制冷剂泄漏	120
13	大修发动机	1 600	49	清洗空调	200
14	更换减振器（单边）	100	50	更换行车喇叭	30
15	更换曲轴后油封	350	51	更换蒸发箱	100
16	调整气门	80	52	更换散热网	150
17	更换机脚胶	80	53	更换热敏电阻	120
18	更换发电机	60	54	更换膨胀阀	100
19	更换外传动带	60	55	更换暖风散热器	400
20	更换助力泵	50	56	拆装仪表台	400
21	更换组合开关	60	57	更换闭锁器	50
22	更换刮水器连杆	60	58	更换离合踏板	80
23	更换小油底壳	80	59	更换变速杆防尘套	10
24	更换大油底壳垫	120	60	更换变速杆	80
25	更换转向管柱	120	61	更换制动开关	20
26	更换转向器总成	200	62	更换离合开关	20
27	更换转向万向节	60	63	更换全车锁	120
28	更换转向器油管	60	64	防盗匹配	100
29	更换前平衡杆球头	50	65	更换中控盘	100
30	更换前制动片	80	66	更换 ECU	80
31	更换后制动片	80	67	更换探照灯（单边）	40
32	拆装油箱	120	68	更换后雾灯	80
33	更换前制动软管（单边）	50	69	更换内拉手	40
34	更换前制动轮缸（单边）	50	70	更换锁体总成（单门）	60
35	更换后制动轮缸（单边）	50	71	更换电池	10
36	更换制动主缸	50	72	更换 CD 机	100

2. 比亚迪宋 PLUS DM – i1.5L 车型保养周期及价格

示例项目及费用如表 4 – 5 所示。

表 4 – 5　示例项目及费用

●：更换

里程（公里）	机油	机油滤芯	空气滤芯	燃油滤芯	空调滤芯	变速箱油	刹车油	火花塞	防冻液	合计（含工时）
3 500	●	●								395
11 000	●	●			●		●			713
18 500	●	●		●						485
26 000	●	●	●				●	●		1 193
33 500	●	●							●	730
41 000	●	●		●			●			803
48 500	●	●								395
56 000	●	●	●		●	●	●	●		2 311
63 500	●	●		●						485
71 000	●	●			●		●		●	1 048
78 500	●	●								395
86 000	●	●	●		●		●	●		1 283
93 500	●	●								395
101 000	●	●			●		●			713
合计										11 344

①更换机油机滤（小保养）：395 元；

②6 万公里常规保养总成本：7 025 元；

③10 万公里常规保养总成本：11 344 元

任务五

维修过程中的沟通

 任务导语

　　车辆在维修保养时，服务顾问的工作并没有结束，还需要随时掌握车辆的维修进度，预计可能出现的变动，及时通知客户。在车辆进行保养维修的过程中，维修人员可能会发现车辆上存在新的故障问题，此时，就需要服务顾问第一时间与客户沟通，征询客户的维修意见。此外，4S店还有很多好的增值业务，服务顾问可以根据客户车辆的情况，合理推荐保险、延保等服务。这也是服务顾问协调能力、沟通能力、销售能力的展现。

 任务要求

能力目标	知识目标	素养目标
● 能与车间人员高效沟通，了解车辆维修进度 ● 会选择合理的时间向客户通报维修进度 ● 遇到维修增项能专业地处理 ● 能清楚介绍店内的特色增值服务项目 ● 能合理解释质量担保政策和家用车三包条例 ● 能根据客户的用车情况，推荐购买延保服务 ● 能根据客户的用车情况，推荐4S店代理保险业务	● 维修进度的跟踪方法 ● 维修增项及处理要求 ● 质量担保政策和家用车三包条例 ● 延保服务 ● 4S店保险业务 ● 4S店特色增值服务	● 树立法规意识，强化以人为本的服务理念； ● 培养与时俱进、勇于创新的职业精神； ● 培养数字化素养，学习数字化工具的运用

※总学时：4学时

🌀子任务5.1　维修进度跟进和增项处理

※建议学时：2学时

增项处理
操作示范

 任务下达

　　客户李先生的爱车在维修过程中，维修技师发现右后制动片磨损严重，维修技师建议更换。作为服务顾问，请你与李先生沟通，说明增项情况，征询李先生的处理意见，并完成相关手续。此外，在维修过程中，还需跟踪维修进度，及时告知李先生维修的进展情况。

任务工单

详见"学生工作页"任务五　子任务 5.1。

5.1.1　知识准备

1. 维修进度的跟进

（1）车辆维修过程的认知

当服务顾问将客户的车辆和维修委托书交给车间主管后，直到车辆按照客户的要求完成全部作业，停放到"车辆竣工区"，需要经过几个工作环节，如图 5 - 1 所示。了解这些工作环节的基本情况，对服务顾问来说非常重要。一方面，在后续与客户的交流沟通中，服务顾问能占据主动权；另一方面，也便于服务顾问合理安排工作。

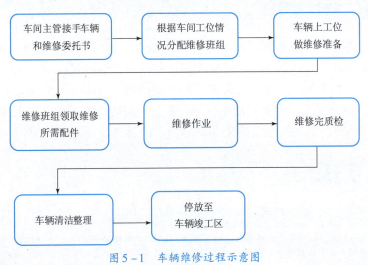

图 5 - 1　车辆维修过程示意图

（2）维修进度的影响因素

在上述的维修作业过程中，维修作业所需的时间，是由车辆的实际维修状况决定的，不同的车辆，不同的维修内容，所需时间都会有所不同。而完成其他工作环节的时间，虽然是基本确定的，但由于车间负荷、工位、人员、备件等多方面因素的影响，也常常会出现排队等待的情况。因此，服务顾问每天都需要关注维修车间的工作情况。

1）每项工作的维修作业时间

服务顾问要明确各项维修工作所需的标准工时，在接待客户车辆时，特别是在预约时，必须查看车间能否承受。

2）可用工时

可用工时是指售后维修岗位可以用来支配的工作时间，在计算当日工时时，要将前日未完成的维修作业考虑在内。

3）人员在岗情况

服务顾问需要了解当日在岗的维修技师与当天的维修作业难易程度，技师的能力会影响到维修作业时间的长短。

（3）维修进度看板

维修作业管理看板是企业现场管理的重要手段之一。维修进度看板是反映车辆维修安排和进度的信息板，车间主管、维修技师、服务顾问通过作业管理看板实现可视化沟通，从而为减少可能出现的生产组织混乱提供了有效的解决方式。

维修作业看板有白板、磁吸板、电子版等形式，内容通常包括：客户的姓名、车牌号、维修工位、维修进度标识或说明、预计交车时间、维修班组信息等。（参见第三部分"相关工具"中的维修进度看板）

维修进度看板的作用在于实时管理，因此，如果作业有变化，需要及时予以更新。服务顾问在进出维修车间时，可以快速明确地掌握车辆的维修进展状况。

素养提升 5−1

维修进度看板是一个科学高效的创新工具，它是汽车售后工作人员的智慧结晶。在实际工作中，要学习和发扬这种钻研精神、创新精神，从一个个小环节助力企业降本增效和高质量发展。

2. 维修增项

（1）维修增项的定义

维修增项是指在服务顾问制作完维修委托书，车辆已经开始进行维修时，发现车辆有新的故障状况，按照客户需求追加的维修作业。

（2）增项处理

在维修过程中，服务顾问要随时查看维修进度，一旦出现意外情况，服务顾问要及时通知客户并征求客户意见，并更改最初签订的维修委托书。

由于增项是在客户预计之外出现的项目，涉及费用和时间等的变更，因此，服务顾问要严谨细致地处理好这项工作，这样，既能帮助客户解决车辆问题，又能赢得客户的满意度。具体的处理办法如下：

在维修过程中，如果发现新的维修内容时，维修班组首先通知车间调度，并告知服务顾问，服务顾问应将增补维修项目和处理方法记录在预检单中，并第一时间联系客户，向客户进行说明。

服务顾问还要对建议的增项做费用报价及交车时间延长说明。若客户同意维修，可以在维修委托书上填写增补维修内容，或者重新打印一份新的维修委托书。客户如在现场，请客户签字确认；客户若不在现场，以客户确认过的同意增补维修方式（电话、短信、微信等）获取确认。之后，在客户提取车辆时，请客户在维修委托书上补签名。

若客户不同意维修，对涉及安全件的维修项目，请客户在派工单对应栏签字，并友情提示客户，请关注该处故障的变化，约请下次维修处理。对非安全件维修项目，可约请客户下次维修。

（3）涉及安全件的增项

安全件一般指发动机总成、机械变速器总成、车身总成。在追加维修工作的流程中，服务顾问若想要实施任何一步操作时，即使这步操作关系到汽车的安全性，也都必须事先征得客户同意，记录在结算单上，以免除公司对此事的责任，并要让客户签字。如果客户在电话中表示了同意，那么在交付时，服务顾问一定要客户签字确认。无论在什么情况下，在没有获得客户对新的增补维修项目同意的情况下，服务顾问都不能擅自决定客户汽车增补项目的处理方法。

3. PCRS 沟通法

增项服务是汽车维修作业必不可少的一个环节，由于在预检区技术和时间的限制，服务顾问很难一次性地确诊客户车辆存在的所有问题。有些车辆故障只有在维修技师进一步检查和维修的过程中才能被发现，但从客户的角度而言，这些故障并不在其消费预期之内，这就需要服务顾问利用销售技巧进行沟通，从而使客户满意地做出维修的决定。

在向客户说明维修项目时，为了更清楚地解释，服务顾问可以遵循 PCRS 的陈述原则（即 PCRS 沟通法），也就是按照 P（问题）——C（原因）——R（解决方式）——S（意见征询）的陈述顺序，通过如实坦诚的方式，获得客户的信任和理解，实现双赢。

Problem（问题），是指服务顾问需要先向客户说明故障问题。

Consequence（原因），是指服务顾问需要把导致这种现象的原因向客户进行解释。

Resolve（解决办法），是指结合故障原因，服务顾问向客户提供解决方案。

Suggest（意见征询），是指服务顾问在为客户提出解决方案后，要由客户来决定选择哪一种方式，使客户产生被尊重的感觉，在客户心情愉悦的情况下，接受建议并做出决定。

4. FFBS 沟通法

服务顾问在向客户推荐维修项目或备件时，如果只是简单地罗列，就很难引起客户的兴趣，也不会激发客户的购买意愿。只有发现客户的内在需求，引导客户正确地认识产品带来的便利之处，客户才能购买。服务顾问可以按照 F（特征）——F（功能）——B（益处）——S（建议）的陈述顺序，有意识地与客户沟通用车、养车、爱车的概念，开发客户的潜在购买能力，实现双方的共赢。

Feature（特征），是指客户可以通过视觉、听觉或触觉感受、觉察到的事实状况。

Function（功能），即专业解释此项目的功能，服务顾问对该项目或该备件的功能进行专业的解释，并进行需求提问，确定该物品能够解决的实际问题。

benefit（益处），是指可能给客户带来的益处。任何一项服务或某个备件的优点并不是客户购买它的原因，只有从客户的角度出发，说明某项服务或某个备件能解决客户所面临的问题，客户才会进一步对该产品产生兴趣。

Suggest（建议），服务的要点在于尊重客户的意愿。因此，服务顾问在确认客户需求后，要含蓄地提醒客户购买的必要性。

比如，客户很关心车辆动力的问题，此时服务顾问可以向客户介绍更换火花塞的重要性。

F（特征）——通过刚才的沟通，我发现您非常关心车辆的动力问题。

F（功能）——我建议您可以更换铱金火花塞，这种火花塞发火性能好、火花强烈，并且使用寿命很长。

B（益处）——更换了铱金火花塞，将大大提高车辆发动机的燃烧性能，使动力得到很大的提升，同时延长了更换的周期，普通火花塞更换的周期是 30 000 公里，这种铱金火花塞可以使用 60 000 公里以上，使用更耐久，效果也更好。

S（建议）——很多客户比较之后，都会选择这种火花塞。您看，要不要也更换一套？

5.1.2　操作规范

1. 操作流程

按照常规的维修保养过程，服务顾问的工作流程如图 5 - 2 所示（但不包括图 5 - 2 中虚线框中的工作环节）。如果客户的车辆出现维修增项，就包含图 5 - 2 中的所有环节。

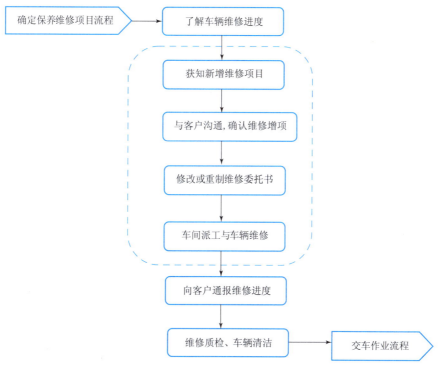

图 5 - 2　维修进度跟进和增项处理流程

2. 操作内容

（1）了解车辆维修进度

服务顾问对维修进度的跟进，需要结合所接待的不同车辆的维修作业时间统筹安排。通常，在车辆派工后的半个小时内，需要关注维修班组是否发现有新的车辆故障；在预计完工时间过去一半时，需要关注维修进展是否顺利；在距离完工时间还有 20 分钟时，需要去车间了解维修作业是否完成，有无遗漏。

[示例]

——"赵师傅，我来了解下，李先生的车现在维修状况怎么样?"

 特别提示

> 服务顾问主动了解维修进度，可以在客户询问时，及时向客户告知。

（2）获知新增维修项目

车辆在维修的过程中，如果维修技师发现新的车辆故障，要第一时间通知车间主管和服务顾问。服务顾问要对新增的维修项目或关联服务进行核实，包括新增项目是否必须、备件是否有货、维修时间的变更、费用的变更等。经过确认后，服务顾问将维修增项情况记录下来，然后方可与客户沟通。

［示例］

——"赵师傅，听说李先生的车发现了新的故障问题，请把具体情况讲一下，我做个记录。"

——"赵师傅，我这就去跟李先生沟通，您先做其他的维修项目，稍后我把李先生的反馈结果拿来。"

（3）与客户沟通，确认维修增项

服务顾问前往客户休息区，告知客户维修技师在维修过程中发现了新的问题，并为客户详细说明以下内容：新故障（问题）发现的过程、对车辆使用带来的不便或危害、维修技师的维修建议、维修过后的状况、维修所需备件、新增的维修费用、维修时间的改变。然后征询客户的意见。

［示例］

——"李先生，您好！我们的维修技师在保养检查制动系统时，发现您的车辆右后制动片磨损比较厉害，已快到极限值了。为了行车安全，建议您更换。"

——"如果更换刹车片，就需要一对，用的是原厂备件，备件费用300元，工时免费。另外，交车时间比我们此前预计的延长半个小时。"

——"现在刹车片已经用不到下次车辆保养了，您看是否需要这次一并更换，也能节省您的时间。"

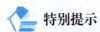 **特别提示**

在沟通维修增项时，可以运用一些沟通技巧，让客户明白，这些建议是为了保障车辆的良好状态，保障客户的用车感受和用车安全。

（4）修改或重制维修委托书

经过沟通，若客户同意维修，可以在维修委托书上填写增补维修内容，或者重新打印一份新的维修委托书。客户如在现场，请客户签字确认；客户若不在现场，以客户确认过的同意增补维修方式（电话、短信、传真、邮件等）获取确认。之后，在客户提取车辆时，请客户在维修委托书上补签名。

若客户不同意维修，对涉及安全件的维修项目，请客户在派工单对应栏签字，并友情提示客户，请关注该处故障的变化，约请下次维修处理。对非安全件维修项目，可约请客户下次维修。

［示例］

——"李先生，您好！如果您同意维修，我就给您做修改了。麻烦您出示一下之前的维修委托书。"

——"李先生，您看一下，如果没有其他问题的话，请您在这里签个字进行确认。我们会抓紧时间尽快完成车辆的维修工作。"

——"李先生，没关系，您这次不同意更换，那麻烦您在这里签个字。不过，为了保证车辆的安全性和耐用性，还是建议您如果有时间尽快到服务站来更换。"

素养提升 5-2

当维修委托书等合同文件需要变更信息时，服务顾问务必须增强法律意识，遵照法律法规要求行事，还需要严谨细致，不遗漏签字，确保每处信息变更获得当事人的有效确认。

（5）车间派工与车辆维修

服务顾问将维修委托书的客户联交给客户，然后将维修委托书和客户的意见反馈给维修技师。车间就可以着手进行维修了。

（6）向客户通报维修进度

在客户等待维修的过程中，不论有没有新增的维修项目，服务顾问都应该主动向客户通报维修的进展情况。对于 2 小时左右的维修，可以选择 1 小时过后，通报一次；对于超过 3 小时以上的维修，选择维修进展较大的作业环节完成后，进行通报，一般需要通报两次；对于维修时日更长的作业，比如超过一天的大维修，服务顾问要对每一个维修大项进行通报，做到至少一天一报。

为了更方便地了解维修进度，在客户休息室里，也可以配备实时监控电视，客户就可以非常方便地看到维修工位的工作情况。（参见第三部分"相关工具"中的透明车间）

[示例]

——"李先生，您的爱车维修进度和预计的时间相符，现在保养已经做完了，正在处理您报修的制动异响问题，大概还需要 40 分钟就可以完工了。请您再耐心等待一会儿。"

 特别提示

针对有些客户对维修不放心或非常感兴趣的，想进入维修车间观看，服务顾问可以通过告知维修进度，并配合监控电视，劝慰客户，让客户在一个安心、舒适的环境中等待车辆维修。

（7）维修质检、车辆清洁

在车辆维修完成后，经过三级质检，确保车辆维修质量，随后由车间主管安排进行清洗。清洗完毕，车辆会放置在车辆竣工区，车间主管通知服务顾问做交车准备。

5.1.3 工具使用

1. 维修进度看板

通过维修进度看板，服务顾问、客户都能够清楚地看到每一辆车的维修进度。上面清楚地标明了接车的服务顾问、车辆的入厂时间、完工时间、维修班组等信息，不仅便于查看，而且责任落实到位，可实现透明化管理的目标，如图5-3所示。

图5-3 维修进度看板

2. 透明车间

配合维修进度看板，如果店内能在维修工位上配备实时监控摄像头，同时，在客户休息室配备实时监控电视，就可以实现足不入厂就可以看到维修工位的工作情况。一方面，消除了客户的疑惑好奇心理，展示了专业的维修工作、贴心的店内服务；另一方面，也加强了店内维修作业的自我规范意识和监管力度。对提高客户感知、提升满意度有重要的作用。透明车间如图5-4所示。

图5-4 透明车间

素养提升5-3

数字化升级是提高企业服务水平的重要手段。通过可视化的"透明车间"，企业售后服务的管理更便捷，用户的体验感更好。这只是数字化升级的一小步，我们还要紧跟时代，持续学习和创新数字化工具的运用，才能不断提升企业竞争力。

3. 维修委托书

在此任务中，维修委托书有两种修改方式：一种是在规定的有"维修增项"或"维修建议项目"一栏，填写维修增项内容，然后请客户签字；另一种是在"经销商管理系统"中修改之前的信息，增加上新的维修项目，然后打印一份新的维修委托书，重新让客户签字，如图5-5所示。

维修建议项目		
项目：更换右后制动片	工时费：100元	备件费：右后制动片200元
	同意维修	李朋

图5-5　维修委托书增项处理

4. 维修质检表

维修质检表是质检员对车辆质检工作的配套单据，简称质检表。根据质检表上的内容，一般对维修的内容逐项检查，其他内容采用抽查的形式。质检合格，质检员会签字确认。质检不合格，需要维修班组重新返工，质检表上会有相应记录，如图5-6所示。

维修质检表

涉及在 ABC 项中各检查要点的完成情况

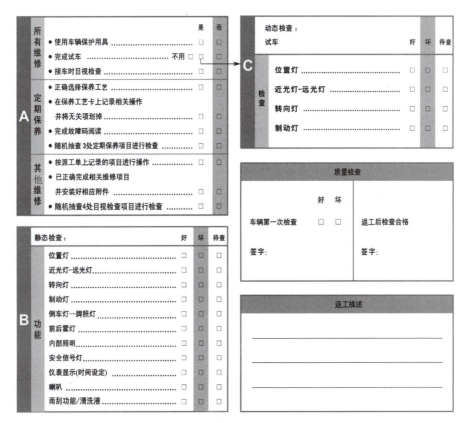

图5-6　维修质检表

巩固练习

一、多项选择题

1. 下列选项中会影响维修进度的是（　　）。
　　A. 维修人员的在岗情况　　　　　　B. 维修项目的难易程度
　　C. 备件的准备情况　　　　　　　　D. 保养维修车辆的预约数量

2. 运用维修看板，能带来的好处有（　　）。
　　A. 方便车间调度掌握各工位进度和空闲情况
　　B. 方便服务顾问快速掌握进度信息
　　C. 提高获取信息和沟通的效率
　　D. 协助车间管理有序进行

3. 关于维修增项的处理以下说法不正确的是（　　）。
　　A. 一旦发现新增故障，要第一时间通知车主
　　B. 一旦发现新增故障，要第一时间维修好
　　C. 如果车主不在现场，新增项目可等用户返回后再沟通说明
　　D. 对于车主不同意的增项，要尽力说服车主，以免造成安全隐患

二、判断题

1. 若车主同意处理维修增项，需要重新打印维修委托书，并双方签字确认。（　　）
2. 维修增项属于车主预期之外的项目，因此需要先进行更专业的解释说明，获得车主认同后，才能处理。（　　）
3. 一般保养不需要通报维修进度。（　　）

 拓展学习

车辆保养检查常见的安全隐患

1. 车辆灯光信号故障
①灯罩磕碰、裂纹、损坏等；
②灯光功能不良或丧失：包括示廓灯（前、后）、近光灯/远光灯、日间行车灯、前后雾灯、制动灯（含第三制动灯）、转向灯（前、后、侧）、转向灯提示器、危险警报灯、倒车灯、车辆牌照灯。

灯光信号照明影响驾驶员行车视线清晰度，影响前后车在紧急情况下的反应速度，对行车安全至关重要，如出现故障，应及时维修或更换，确保安全。

2. 底盘检查时常见的隐患
①排气管：排气管连接处的密封垫片损坏，可能导致排气管漏气；排气管支架上的吊挂脱落，可能导致排气管变形或脱落；排气管锈蚀和漏气，排气口积炭或其他物质存在，可能影响发动机的性能；排气管磕碰后变形或与车身接触，可能导致噪声和性能问题。

②车辆底部：底盘锈蚀，可能是因为车辆底盘在恶劣环境下工作，受到雨水和积雪的直接接触，或者承受碎石的折磨，这会影响车辆的耐用性和安全性。前保险杠及底部刮擦，

可能导致保险杠和翼子板损坏。发动机及变速箱油底壳变形或损坏，可能导致漏油。

③转向系统：防尘套开裂或泄露，卡箍松动或脱离，可能导致转向结构的损坏；转向拉杆松弛，是一个严重的安全隐患；万向节防尘套损坏，可能导致万向节周围的润滑脂流失。

④减震器漏油或损坏，可能导致减震效果减弱，影响驾驶舒适度。

⑤悬架控制臂胶套损坏，可能导致车辆跑偏或打摆。

这些隐患都可能影响车辆的性能和安全，因此需要定期对车辆底盘进行检查和维护，及时发现和处理问题，确保车辆的安全和可靠性。同时，驾驶者也需要注意日常使用中的底盘保护，避免刮伤和碰撞底盘，以延长车辆的使用寿命。

子任务 5.2　增值服务的推荐

※建议学时：2 学时

任务下达

李先生的爱车雪铁龙 C6 2021 款 400THP 舒适版已经用了快 3 年了，马上就要出质保期了，保险也快要到期了。李先生这次来店做维修保养，服务顾问根据车辆的情况，给李先生推荐适合他的增值业务。

任务工单

详见"学生工作页"任务五　子任务 5.2。

5.2.1　知识准备

1. 售后服务政策

在客户来店对车辆保养维修时，为了保障客户本人也能享受到更多更好的服务，4S 店在硬件方面要尽可能提供舒适的设施和环境，同时，也会制定多项服务政策。比如："一对一"专属服务顾问、会员俱乐部、客户课堂、接送修服务、24 小时紧急救援服务、代办车辆相关业务等。这些服务是为了帮助客户省时、省心，让客户真正感受到"以客户为中心"的服务理念。

（1）"一对一"专属服务顾问

"一对一"是以专属服务顾问为中心的客户关系管理方式。专属服务顾问与客户之间建立相对固定的联系，**每个客户都会有一个专属人员，负责客户车辆的维修保养、定期联系、业务提醒、主动关怀、抱怨处理、预约安排和业务回访等工作。**它强调"一对一"式的沟通交流，重在发展良好的客户关系，为客户提供差异化、定制化的服务。

从购买新车那天起，直到客户报废车辆或者更换车辆为止，在整个用车过程中的各个阶段，"一对一"专属服务顾问通过与客户的沟通，提供专业的咨询、贴心的关怀、主动的服务和个性化、人性化的服务来维护客户关系，对车辆使用全价值链进行深度挖掘，提高客户对品牌、产品及特约商的忠诚度。

（2）会员俱乐部

会员俱乐部是长期维系客户，培养客户忠诚度的一种有效方法。主要通过提供多种服务项目，给客户带来更多的价值。比如以下几种服务：

维修服务：修车无须等待、按会员卡积分或类别给予优惠。

证件代办：驾驶证年审、行驶证年审、车船费代缴。

救援服务：紧急援油、现场抢修、事故拖车。

提醒回访：重要信息提醒、节假日生日问候、维修服务回访。

专业咨询：包括保养维护咨询、手续咨询、客户投诉、专家回复、安全咨询等。

承保理赔：新车投保、车辆续保、理赔受理、代理索赔。

业务培训：包括驾驶培训、车辆维护保养培训、安全培训等。

VIP 专区：优先体验新产品、优先参与市场推广、优先获得新车资源、优先参与组织活动、结识业务伙伴、出行预订、休闲。

> **素养提升 5 - 4**
>
> 企业在售后服务中，要不断创新用户管理和维护方法，坚持以人为本的理念，深入挖掘用户需求，提供多样化、个性化、人性化的服务，实现企业价值的不断提升。

2. 质量担保政策和三包条例

（1）质量担保政策

质量担保是制造厂家对客户的承诺，在担保期限和条件内，车辆由于质量问题导致故障，客户可以享受免费的保修。客户对汽车品牌售后服务工作的评价在很大程度上取决于质量担保工作开展得是否迅速和有效。

当客户的车辆在质量担保有效期内，可以享受质量担保政策和服务。

质量担保期限，营运车为 1 年/10 万公里（以先达到者为准）；非营运车为 3 年/10 万公里（以先达到者为准）。在质量担保期内，质量担保更换的备件，其质量担保期属于整车新车质量担保期范围，随整车质量担保期的结束而结束。

对于车辆的易损件，担保的期限与整车有所不同，以东风雪铁龙、东风标致为例，如表 5 - 1 所示。

表 5 - 1 易损件质量担保期限

零件明细	质量担保期限 （时间/行驶里程）	零件明细	质量担保期限 （时间/行驶里程）
保险丝	2 个月/1 000 公里	机油滤清器	6 个月/5 000 公里
普通继电器	2 个月/1 000 公里	轮胎	6 个月/5 000 公里
雨刮片	2 个月/1 000 公里	火花塞	6 个月/5 000 公里
灯泡	2 个月/1 000 公里	离合器摩擦片	6 个月/5 000 公里
空气滤清器	6 个月/5 000 公里	前、后制动摩擦片	6 个月/5 000 公里
空调滤清器	6 个月/5 000 公里	蓄电池	12 个月/20 000 公里
汽油滤清器	6 个月/5 000 公里	遥控器电池	12 个月/20 000 公里

（2）《家用汽车三包条例》

国家规定各个汽车厂家自 2013 年 10 月 1 日开始实施三包法规。三包是指包修、包换、包退。保修期规定不低于 3 年或者行驶里程 60 000 公里，以先达到者为准；三包有效期限不低于 2 年或者行驶里程 50 000 公里，以先到者为准。家用汽车产品保修期和三包有效期自销售者开具购车发票之日起计算。各个品牌车辆制造厂商在《家用汽车三包条例》的基础上，都延长了保修期。如东风雪铁龙、东风标致的保修期为 3 年/10 万公里（以先达到者为准）

1）免费退换情况

家用汽车产品自销售者开具购车发票之日起 60 日内或者行驶里程 3 000 公里之内（以先达到者为准），家用汽车产品出现转向系统失效、制动系统失效、车身开裂或燃油泄漏的。

2）退换，但有折旧费的情况

①因严重安全性能故障累计进行了 2 次修理，严重安全性能故障仍未排除或者又出现新的严重安全性能故障的。

②发动机、变速箱总成累计更换两次或发动机变速器的同一主要零部件因产品质量问题累计更换两次，仍不能正常使用，总成和主要零部件更换次数不重复计算。

③转向系统、制动系统、悬架系统、前/后桥、车身的同一主要零件因其质量问题累计更换二次，仍不能正常使用。

折旧费计算公式为：

$$折旧费 = [（车价款×行驶里程)/1\ 000] × n$$

3）包换情况

在整车三包有效期内，因产品质量问题，修理占用时间累计超过 35 日的。

在整车三包有效期内，同一产品质量问题累计修理 5 次的。

4）新能源汽车特有条例

新能源汽车相比燃油车，三包有效期一致，但保修期相对更长，至少能达到 6 年或 15 万公里（以先达到者为准）。此外，三包政策中对动力电池部分有专门的规定，见表 5 - 2。对于是否满足修理的条件，需要参考动力电池容量衰减限值判定，见表 5 - 3。

表 5 - 2　新能源汽车三包政策（部分）

质保内容		保修期
动力电池	电芯	终身保修
	电芯以外元器件	8 年或 15 万公里
动力电机、驱动电机控制器、驱动电机控制器与 DC 总成、高压电控总成		8 年或 15 万公里

表 5 - 3　动力电池容量衰减限值

电池类型	期间（以先达到者为准）	容量衰减限值/%
磷酸铁锂电池 三元锂电池	2 年或 5 万公里（三包有效期）	15
	6 年或 15 万公里（整车保修期）	25
	8 年或 15 万公里（动力电池保修期）	30
正常使用下，动力蓄电池当前安时（Ah）容量较额定容量的衰减不超过此表（仅适用于家用汽车） 容量衰减值 =（1 - 当前容量/额定容量）×100%		

新能源汽车配备的充电设备，同样享受整车质保政策，但是不同厂家和品牌车的政策在时间上有差异。以比亚迪新能源车为例，享有以下质保政策：

随车配发充电设备，自车辆交付之日起，"交流充电连接装置、对插排放电连接装置"的质保期为4年，充电枪的质保期为"非营运车3年，营运车1年"。

3. 延保产品

延保指的是延长保修期。这是汽车制造厂商为了满足客户享有更长的保修期限推出的一种服务产品。目前推出的延保产品，一般分为整车延长保修和总成延长保修两类。根据客户的自身情况和意愿，可以选择适合的延保产品。下面，以东风雪铁龙、东风标致为例，说明延保产品。

（1）整车延长保修

整车延长保修服务提供的是延长整车质量保修期的有偿服务。

1）产品类型

①产品一：保修期限延长1年/2万公里（以先达到者为限）。那么，整车保修期就可延长至4年/12万公里（以先达到者为限）；

②产品二：保修期限延长2年/5万公里（以先达到者为限），那么，整车的保修期就可延长至5年/15万公里（以先达到者为限）。

2）服务范围

除易损件外，其他零件与新车质量担保相同，详情请见各品牌的《延长保修服务手册》和《质量担保和保养手册》等相关文件。

（2）总成延长保修产品

总成延长保修服务提供的是延长车辆发动机、变速箱质量保修期的有偿服务。

1）产品类型

①产品一：发动机或变速箱保修期限延长1年/2万公里（以先达到者为准），车辆总成保修期就可延长至4年/12万公里（以先达到者为准）。

②产品二：发动机或变速箱保修期限延长2年/5万公里（以先达到者为准），车辆总成保修期就可延长至5年/15万公里（以先达到者为准）

2）延保范围

①发动机保修范围：包括缸体和缸盖、活塞、连杆机构、曲轴、曲轴皮带轮、配气机构、飞轮、正时齿轮、机油泵、油底壳、进排气门、气门摇臂、液压挺杆等；不包括附件皮带张紧轮、发电机、起动机、助力泵、压缩机等发动机外部零件。

②变速箱保修范围：包括箱体、箱内传动部件、液力变矩器、太阳轮、齿轮、轴类、变速器组件等；不包括离合器部件及箱体外部传感器。

3）购买条件

以下条件需同时满足：

车辆仍处于新车质量担保期限内，即车辆在2年或6万公里（以先达到者为准）或三包实施之后的3年或10万公里（以先达到者为准）内；客户按照品牌使用说明书的规定使用车辆，并按照品牌保养规范定期到授权经销商处进行保养。

4. 车辆养护用品

车辆养护用品通常可以按功能和使用部位两种方式分类。

（1）按功能分

汽车养护用品可分为：保护类、修复类、止漏类、促进类、清洁类等。

保护类：添加到油液中，可对总成、部件起到保洁、防腐、防锈作用，延长总成、部件的使用寿命。

修复类：添加到润滑油中，可改变润滑油的性能，减少发动机摩擦阻力，延长发动机使用寿命。

止漏类：添加到冷却系、润滑系或变速箱中，可止住冷却系、润滑系及变速箱的渗漏。

促进类：添加到燃油中，可改善燃油性能，促进燃油燃烧，提高燃烧效率，节省燃油，增强发动机动力，减少排放污染物。

清洁类：添加到油液中，可对某一系统（如冷却系、润滑系）或总成（如变速器）进行免拆清洗。

（2）按使用部位分

汽车养护用品可分为：发动机（引擎）清洗剂、燃油系统清洗剂、进气系统清洗剂、空调系统清洗剂、三元系统清洗剂、变速箱系统清洗剂等。

发动机（引擎）清洗剂：快速彻底清洗发动机内部积炭、油泥、沉积物，降低摩擦阻力，这种汽车养护用品可以减少并制止发动机机件的磨损，抵抗油泥、积炭的形成，延迟润滑油失效。

燃油系统清洗剂：安全快速地清洗所有燃油系统部件，疏通喷油嘴、改善雾化效果、提高动力性能，迅速降低燃油消耗，减少尾气排放，消除怠速不稳、爆震、起动困难等故障。

进气系统清洗剂：安全快速地清洗节气门体，强力清除进气门、进气道、气缸壁及活塞环顶端的积炭及杂质，增加动力，节约燃油。

空调系统清洗剂：迅速彻底地清洗空调系统的蒸发器、出风管路和驾驶室内部部件的污垢，提高热交换率，清除蒸发器上的病毒和霉菌，有效改善车内空气质量，提高制冷效果，节约能耗，延长压缩机系统部件的使用寿命。

三元系统清洗剂：快速消除积留在三元催化器里面的各种化学混合物的堵塞现象，解决排气不通畅的问题，恢复三元催化器的活化性能，延长三元催化器的使用寿命。

变速箱系统清洗剂：能安全、有效、彻底地清洗自动变速箱内的金属碎屑、胶质、油泥等沉积物，更换旧的变速箱油，保持动力传递稳定，有效改善自动变速箱的抗氧化能力，减少变速箱机件磨损，降低噪声，恢复密封垫及 O 型圈的弹性，保护系统的密封性。

素养提升 5-5

汽车行业技术发展迅猛，相关产品迭代更新快，服务顾问要坚持不懈地学习行业新技术、新产品、新方法，与时俱进，才能给用户提供有价值的产品建议。

5. 增值服务销售技巧

客户来 4S 店，不仅仅是给车辆做维修保养，往往在用车的过程中，会有一些疑虑或者其他需求需要到店里来解决。因此，服务顾问可以根据客户反映的车辆使用情况，提供合理的增值服务，帮助客户解决问题。

（1）PRS沟通法

在客户等候保养或维修时，服务顾问通过一定的技巧，来满足一些隐性的需求。可以通过P（复述）——R（解决）——S（建议）的陈述顺序，设身处地地为客户着想，实现服务的增值。PRS沟通法的关键在于对顾客的顾虑做出回应之前，首先要倾听其心声。

Paraphrase（复述），是指服务顾问对客户的问题进行确认和修正。服务顾问用自己的话复述客户的问题，使他们重新评估自己的疑虑，进行修改和确认。

Resolve（解决），是指服务顾问针对客户的意见提出解决方式。

通过上述两步，能够捕捉到更多的信息，更好地应对客户的需求，并从客户的角度出发，为客户建议解决的方式。

Suggest（建议），服务顾问在确认客户的需求后，要含蓄地提醒客户购买的必要性，从而使客户产生被尊重的感觉，激发客户的购买欲望。

[示例]

P（复述客户问题）——听您刚才讲，平时都比较忙，几乎没时间打理车。

R（解决方法）——您是不是考虑一下，办理一张我们公司汽车俱乐部的会员银卡或金卡？这是俱乐部的服务项目清单，我们将为您提供多达15项的各种便利性服务。

S（引导建议）——如果您成为我们的会员，您就可以放心地工作，我们将帮您养好车，用好车，您也不必为每年的保险、年检等费心了。

（2）FFBS沟通法

可参看上一子任务中的阐述。

5.2.2 操作规范

1. 操作流程

对于增值服务的推荐，主要是考验服务顾问对客户潜在需求的挖掘能力和销售意识，是增加售后产值的一个重要方面。它的技巧性强，对专业知识的要求高，对操作流程可以弱化，一切需要灵活处理，才能推荐客户满意的产品。

2. 操作技巧

（1）售后服务政策

从客户购买新车之后，服务顾问就需要将店内这些服务政策告知客户。如果客户没有产生兴趣，就需要服务顾问在与客户的后续沟通中，适时地向客户讲解，让客户感受到这些服务的价值。

（2）延保服务

服务顾问和销售顾问都可以向目标客户推荐延保服务。通常，在客户遇到车辆故障，而刚好可以享受保修政策带来的优惠时，最容易推荐成功。但在帮助客户购买前，还需要判断客户是否具有购买资格，随后，才能通过备件渠道进行申报和购买。

①查看客户是否购买了延长保修服务产品；

②查看客户是否按照要求定期到品牌授权经销商处进行保养；

③车辆是否在质量担保范围服务期间内。

（3）车辆养护用品

推荐车辆养护用品，需要在与客户的日常沟通中，认真听取客户的用车反馈，从中发掘潜在需求，才能有针对性地适时推荐。不能在不了解客户车辆状况和客户用车顾虑的前提下，盲目推荐，这样会适得其反。同样，即使客户有需求，也要进行专业性的判断，看是否合适，不能过度推荐。

5.2.3 工具使用

1. 相关政策印刷品或文件

对店内的售后服务政策，服务顾问应准备一些精美印刷品，如记有详细政策内容的宣传彩页或者宣传手册（如解释三包政策时，辅助政策文件和详细的列表），或者展示牌，向客户介绍，供客户参考，如表5-4和图5-7~图5-13所示。

表5-4 主要总成和系统主要零部件种类和范围表（燃油车及新能源车）

部分	主要零部件
发动机	曲轴组件、主轴瓦、连杆合件、连杆轴瓦、活塞、活塞环、活塞销、气缸盖机械加工合件、进气凸轮轴部件、排气凸轮轴部件、进气门、排气门、气缸体加工部件
变速器	前箱体、后箱体、齿轮、轴类、轴承、箱内动力传动元件（含离合器、制动器）
转向系统	转向器带横拉杆总成、转向管柱及万向节总成、横拉杆、转向节
制动系统	真空助力器、制动主缸、制动钳体、制动踏板总成
悬架系统	前/后减螺旋弹簧、控制臂总成、摆臂总成、稳定杆
传动系统	桥壳、主减速器、差速器、传动半轴总成、半轴、减速器（连接行驶驱动电机）
污染控制装置	颗粒捕集器、催化转化器
车身	车身主体总成、前/后副车架、后扭转梁总成、纵梁、横梁、前后门总成
动力蓄电池*	电芯、动力蓄电池箱体
行驶驱动电机*	定子组件、转子组件、轴承、壳体

注：带*号为新能源车特定。

2. 客户案例

对店内的延保业务，除了需要准备延保产品的宣传介绍手册外，服务顾问最好收集一些因购买延保产品而获益的客户详细案例，图文并茂，在跟客户介绍时，有理有据。

3. 样品或照片

对车辆养护用品，服务顾问应准备一些样品或者照片，展示使用养护用品的效果。如果店内有样品对比的实物展示，效果会更好，如图5-14和图5-15所示。

什么是汽车延长保修服务（以下简称"延保服务"）

延保服务是对车辆原厂质量担保服务的延伸，为您解决车辆原厂质量担保期后的维修问题。在延保期内，当车辆出现延保服务范围内故障时，将享受与原厂相同的保修服务，车辆免费获得维修，为您的爱车提供全方位专业保障。

为什么购买延保服务

更省钱
延保服务将承担车辆超出原厂质量担保期后的维修风险，避免汽车故障产生的不可预计费用；

更灵活
提供基础保障、精选保障、安心保障、全面保障，4种保障方案随心选择；

更省心
当车辆发生故障时，延保服务将为您提供100%原厂品质服务与专业维修；

更保值
车辆在二手车交易时更具评估优势。

一汽-大众汽车延保服务

覆盖车型
捷达、宝来、高尔夫、速腾、迈腾、CC

适用对象
行驶里程不超过10万公里且车龄在3年以内的车辆

延保服务保障范围

产品类型	保障范围				保障年限/里程（以先到为准）
	发动机	变速箱	传动系统	原厂质保范围	
全国保障	●	●	●	●	
安心保障	●	●			1年/3万公里
精选保障	●	●			2年/6万公里
基础保障	●				3年/9万公里

Q&A

Q1：我的车已经投保车险了，购买延保还有意义吗？
A：延保和车险都是花比较少的钱，避免支出大额的维修费用，但它们的保障范围区别很大；车险是针对意外事故或自然灾害等导致车辆受损提供的保障；而延保是对车辆在正常使用情况下，可能出现的零部件质量问题提供的保障。

Q2：已经有厂家3年/10万公里的原厂保修了，还有必要购买延保吗？
A：延保服务将承担车辆超过原厂质量担保后的维修风险，提前锁定车辆维修成本，在您进行二手车交易时，延保服务也将提升车辆价值。

Q3：这车质量很好，为什么还要购买延保服务？
A：任何物品都有使用寿命，汽车是机械和电子集合体，再好的质量也不能保证不发生任何故障，延保服务是对您的爱车的一个保障，我们现在做的就是预防工作。
一汽-大众推出的延长保修服务正是为广大车主提供了降低未来使用成本与风险的一项保障。

Q4：购买延长保修服务有什么好处？
A：随着车辆使用年数和公里数的增加，车辆使用过程中的正常磨损，以及道路、空气的质量都可能让车辆零部件损坏。购买了一汽-大众延长保修服务，您只需要进行正常的车辆保养，在延长保修服务期间，一汽-大众将为您的爱车提供等同原厂品质的车辆维修服务。

图5-7 宣传彩页①

BMW延长保修服务

可将您爱车的保修期延长至**4~7**年（不限公里数）

在服务期内，您可享受真正来自**原厂**的保修

BMW授权经销商将负责**免费维修或更换**延保范围内的零部件（包括人工费用）

同时，您的爱车将与新车享受一样的保修范围，所覆盖的部件完全一致（具体保修范围以BMW延长保修手册为准）

图 5-8　宣传彩页②

BMW延长保修服务最长可将爱车的保修期升级到7年，同时您还可以根据需要，选择1年、2年、3年或4年的保修服务，尽享安心。

 维修无忧

在延长保修服务期内，您可以享受不限里程的保修服务，无需额外承担任何保修范围内的维修费用。

图 5-9　宣传彩页③

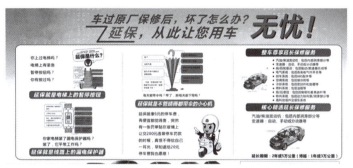

图 5-10　宣传彩页④

投入更小
保障更多

● **越早越省**
在上市推广期间，车龄12个月之内的车辆购买BMW延长保修服务，将可享受额外20%的补贴，小投入大安心。

● **原厂保障**
在延长保修服务期内，所有维修作业只由BMW授权经销商负责实施，维修仅使用BMW原厂零部件，确保您的BMW始终表里如一。

● **安心常在**

↑ **易手保值**
当您在延长保修服务期内出售爱车时，BMW延长保修服务也可轻松转让给新车主，轻松收回前期投入的延保购买费用。

☑ **全国联保**
无论您身居何处，车辆出现故障时，您可以联系中国大陆任何一家BMW授权经销商处申请延保服务及车辆维修。

图 5-11　宣传彩页⑤

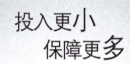

精打细算　延保理由

质保期后，车辆故障引发的维修费用日益增高。

| 汽油泵 | 发动机大修 | 缸盖衬垫 |
| 1 500~2 000元 | 10 000~20 000元 | 2 500~3 000元 |

| 前后轴承 | 变速箱修理 | 点火线圈 |
| 2 500~4 000元 | 5 000~20 000元 | 1 500~2 000元 |

图 5-12　宣传彩页⑥

行驶时间越长，里程越高，车辆引发故障概率越大

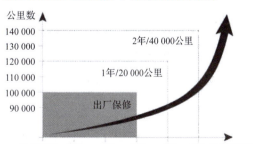

图 5-13　宣传彩页⑦

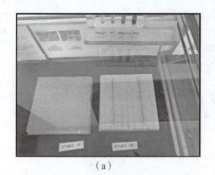

（a） （b）

图 5-14 样品

（a） （b） （c）

图 5-15 效果对比

巩固练习

一、单项选择题

1. 家用车三包条例中的"三包"不包括（ ）。

A. 包退 B. 包换 C. 包修 D. 包保养

2. 车辆延保服务是指（ ）。

A. 延长车辆的保险时间 B. 延长车辆的保险范围

C. 延长车辆的质保时间 D. 延展车辆的质保范围

3. 关于增值业务，以下说法不正确的是（ ）。

A. 增值业务是根据车主的需求提供的有偿服务项目

B. 精品业务对维护车辆性能有利

C. 延保业务能使车主享有更长时间的质量保证

D. 增值业务以营利创收为目的，因此要大力推荐用户购买

二、判断题

1. 根据三包条例，车辆包退包换也是免费的。（ ）

2. 根据质保政策，车辆的所有零部件都享有与整车一样的质保时间。（ ）

3. 车辆养护用品对改善车辆动力性能有一定的作用，可以替代维修。（ ）

4. 车辆延保业务可以单独延保发动机或变速器。（ ）

拓展学习

比亚迪售后服务为品牌价值赋能

汽车品牌售后服务能否赢得用户的满意，不仅在于硬件设施的完备、专业技术的过硬，还需要软性服务为用户带来增值体验。

1. 无忧的服务保障

以比亚迪品牌为例，其在全国有 1 000 余家售后服务网点，2 万名专业售后员工，全年 365 天，全天 24 小时的救援服务，为车主提供高质量服务。对于没有时间进店的客户，可享受比亚迪线上取送车服务，门店可 24 小时接收车辆。为了节省客户时间，门店开通了快保专用工位，保证进店保养车辆 25～35 分钟完工。

2. 便捷的线上服务

在车辆维修保养中，客户可使用"精诚长联系统"，可实现车辆到店播报、iPad 接车等高科技数字化售后服务流程，还可以通过手机端或客休区的显示器，实时查看车辆在车间的维修保养进度和状态。为解决客户在维修保养方面的疑问，比亚迪社区上线了技术顾问直问的功能，该功能实现了客户与技术顾问的直接沟通，可以最快速度为客户答疑。

3. 专业的多对一专属服务

为了加强客户体验，针对每位客户都组建了 VIP 购车服务群，构建 8 对 1 用车全周期服务，群内由总经理、客户经理、服务总监、首席体验官、服务经理、事故专员、技术专家及服务人员组成的专业服务队伍，能够做到在客户用车过程中有任何疑虑，都能够第一时间响应。

在服务内容上，上门签单、上门取送车、快速保养、技师直问、精诚钣喷、1 对 1 接待等便捷化的服务内容都成为标配，一切都只为从客户体验角度出发，提高比亚迪终端店的服务品质。

任务六

交 车 作 业

任务导语

　　交车作业环节是最能提升客户满意度的环节，通过该环节，企业可以向客户展示维修的成果，说明技师的工作，并解释维修的费用。通过这些可见的环节，向客户表明所有服务项目已经圆满结束，让客户高兴、顺利地离开，建立客户牢固的信赖感。如果客户对服务有不满的倾向，交车作业是消除客户不满的最后机会。因此，这个环节是服务顾问让客户有"尊贵""物超所值"的体验，提供感动的服务，留下良好的末轮效应的关键环节。

任务要求

能力目标	知识目标	素养目标
● 能够完成车辆的维修质量检查及内部交付工作； ● 能够做好交车前的准备工作； ● 能热情陪同客户完成车辆的验收检查； ● 会使用结算单向客户解释维修内容，陪同客户结算，交付车辆； ● 能在微笑送别客户时说明有关注意事项，关怀客户并表示感谢	● 末轮效应的含义； ● 客户关怀、情感营销的含义及其重要性	● 培养科学素养，确保维护建议的合理性与有效性； ● 培养人文关怀意识，尊重客户、关心客户，能为客户提供个性化服务； ● 培养规范操作的意识，树立严谨求实的工匠精神

　　※总学时：8 学时

❄子任务 6.1　交车准备

　　※建议学时：4 学时

交车准备
操作示范

任务下达

客户李明先生到东风雪铁龙西安龙跃4S店为爱车（C6 2021款400THP舒适版）进行定期保养。车辆行驶了29 800公里，左前大灯有破损，客户要求检查并解决。维修技师在维修中发现刹车片已经磨损到极限值，需要更换，预计总耗时为3小时。现车辆已维修保养完毕，完成终检。在向客户交付车辆前，作为服务顾问，你应该做哪些准备工作？

任务工单

详见"学生工作页"任务六 子任务6.1。

6.1.1 知识准备

1. 末轮效应的含义

末轮效应是相对于首轮效应而言的，强调服务结尾的完美和完善，即要"功德圆满"。所谓末轮效应，就是在人际交往中，人们留给交往对象的最后印象，通常也是非常重要的。在许多情况下，它往往是一个4S店或某个服务顾问留给客户的整体印象的重要组成部分。有时，它甚至直接决定着该4S店或服务顾问个人的整体形象是否完美，以及完美的整体形象能否继续得以维持。

2. 末轮效应的核心思想

末轮效应的核心思想是，要求在塑造一个品牌、一个经销店或服务顾问个人的整体形象时，必须有始有终，始终如一。所以在交车之前，服务顾问必须确保客户交修的项目在车间是经有序、可控的作业流程完成的，彻底消除车辆维修隐患，确保维修单据及旧件交付的完整性，减少在交车环节客户的等待时间，减少客户抱怨，消除客户针对维修的疑问，让客户明白消费，从而提高客户满意度，建立忠诚客户关系。

6.1.2 操作规范

1. 操作流程

本任务的操作流程可参考图6-1。

素养提升6-1

没有规矩，不成方圆。在向客户交付车辆之前，必须严格遵循既定流程，做好充分的交车准备，绝不能偷懒或跳过任何步骤。要以严谨的工作态度，为客户完美展示车辆保养和维修成果。

2. 操作内容

（1）车辆质检

①车辆维修结束后，维修技师要根据维修委托书逐项检查维修项目是否有遗漏，这是自检环节。自检完成后，交班组长检验，这是复检。之后，交于质检员进行总检。

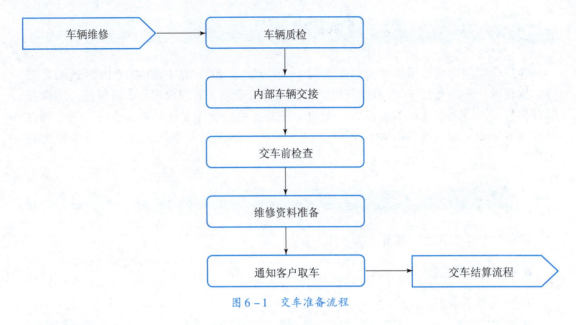

图6-1 交车准备流程

 **特别提示**

　　在质检环节，若发现问题，必须立即厂内返修，严禁把维修不合格的车辆交付客户。车辆返工后，如无法准时按约定的交车时间将车辆交付给客户，车间工作人员应及时通知服务顾问，服务顾问应向客户致歉、说明原因，并重新与客户约定交车时间。

　　检验时如需路试，维修技师应及时反馈给服务顾问，在取得客户同意后再实施。并将驶出与返回4S店的时间、里程记录于维修委托书中。路试时必须在规定路线进行，严守交通法规，不得有超速及危险驾驶行为。

　　②对维修质量检查合格的车辆，质检员依据本次维修情况，填写维修保养质检表和维修建议，并签名。

特别提示

　　在保养维修过程中涉及的各项单据必须保持干净整洁，严禁维修技师未清洗双手就触碰表单。

　　③车辆完成终检后，工作人员根据维修委托书上的"客户意见"对车辆进行清洗、吸尘。完工车辆以车头朝外方式，关好门窗，停至"车辆竣工区"。

　　（2）内部车辆交接

　　服务顾问接到车间主管的车辆竣工通知后，应立即前往车辆竣工区进行车辆交接。接收工作单据（检查维修维护项目的书面记录、表单数量，以及维修技师、质检员签字确认的信息）、车辆钥匙。

（3）交车前检查

①实车核对维修委托书，以确保客户委托的所有维修维护项目都已完成。必要时可试车，如不合格，则进行返工。如有疑问，可向有关人员了解车辆的维修情况、质量状况，以及一些零备件（制动摩擦片、制动盘、轮胎、刮水器片等）的剩余使用寿命。

②服务顾问对车辆外观进行环检。检查是否有未洗净处，漆面是否有刮花，核实维修委托书的外观检查记录。

③对车内清洁度仔细检查。如烟灰缸、脚踏垫、挡风玻璃等，确认无灰尘、油污、油脂。确认车辆里程、油量。将座椅位置及空调、音响、电台频道、时间、灯光、反光镜恢复至客户设置的初始状态，并且将空调、音响关闭。

④清点车上物品（车主私人物品）。检查是否有工具、维修耗材、螺丝螺母、螺栓、抹布等遗漏在发动机舱、车室、后备厢内。确认从车辆上更换下来的旧、废件是否置于后备厢，旧、废件如有水渍、油渍，须先以专用塑料袋包装好后，再放入纸质手提袋内，以防弄脏客户车辆。

如没有任何问题，服务顾问在维修委托书的"服务顾问签字"栏签字确认。

（4）维修资料准备

服务顾问利用维修管理系统打印维修结算单。仔细核对维修结算单与维修委托书的内容是否一致，核查各项收费合计无误。在保养手册中记录已进行了的保养，并加盖经销商印章。

> **素养提升 6-2**
>
> 交车前的检查项目繁多且易漏，因此必须心思缜密，对车辆每个部位精心检查。这样才能为后续工作奠定良好基础，避免因粗心大意降低工作效率。

（5）通知客户取车

服务顾问在与客户商定的交付车辆时间前，面带微笑，亲自至客户休息区，礼貌地通知客户车辆已完工，且经过最终检查合格，可以交车。对已离厂客户，应以电话通知，并与客户约定来店取车时间。

[示例]

——"李先生，您好！您的爱车已经保养维修完工，而且我已经全部确认没有问题，现在可以交车给您……您希望现在立即交车吗？"

——"您好！我是东风雪铁龙西安龙跃4S店的服务顾问陈冬，您是李先生吗？……您的爱车已经保养维修好了，而且我已经全部确认，现在可以交车给您……我们有现金和刷卡两种支付方式，您过来的时候需要携带维护手册、维修委托书客户联等资料……您什么时候方便过来提车……我恭候您的到来。"

6.1.3 工具使用

1. 维修保养质检表

维修保养质检表简称质检表，质检员应依据本次维修情况，按质检表上的内容，对维修项目逐一检查，如实填写维修保养质检表，质检合格，质检员签字确认；质检不合格，需要维修班组重新返工。服务顾问在交车前应详细检查质检签名，以防出现责任纠纷问题，如图6-2所示。

2. 定期保养记录

服务顾问应把首次保养和定期保养相关信息记录在保养手册中，并加盖经销商印章。定期保养记录的重要性主要表现在以下几个方面：

①对于客户爱车历史保养情况进行详细记录，可以帮助维修技师更快、更准确地了解车辆状况，为以后车辆保养做出合理建议；

②帮助提醒客户下次的保养时间及保养里程；

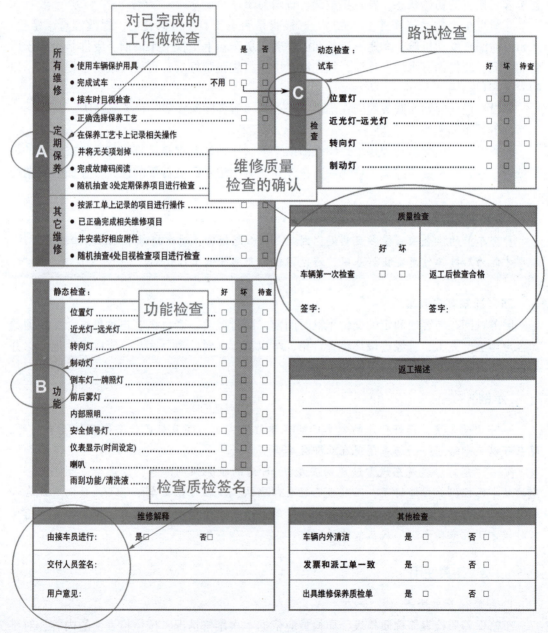

图6-2 维修保养质检表

③质量担保车辆必须按照保养手册和维修手册的要求在服务站进行定期检查保养，所以保养记录是车辆质量担保的重要凭证。定期保养记录如图6-3所示。

× ××× 特许销售服务商
定期保养记录

定期保养

行驶 ××××× 公里/×年

日期：_____ 里程数：_____

派工单号：_____

说明：_____

_____

_____

维修技师签字：

服务站盖章

下次定期保养日期

在 _____ 年 _____ 月 _____ 日之前

或 _____ 公里之前

图6-3 定期保养记录

巩固练习

一、多项选择题

1. 在给客户交车前，需要将（　　）部位或设备恢复至客户设置的初始状态。

  A. 座椅 　　　　　　　　　　　　　　B. 音响、电台频道

  C. 后视镜 　　　　　　　　　　　　　D. 时间

2. 交车前检查应做的工作包括（　　）。

  A. 准备维修资料 　　　　　　　　　　B. 清点车上物品

  C. 对车辆外观进行环检 　　　　　　　D. 向客户解释说明费用

3. 内部车辆交接时，应交接的物品有（　　）。

  A. 车钥匙 　　　　B. 结算单 　　　　C. 维修委托书 　　　　D. 质检表

4. 清点车上物品时，应重点关注（　　）等物品不要遗漏在发动机舱、车室、后备箱内。

  A. 螺丝螺母 　　　　B. 抹布 　　　　　C. 维修工具 　　　　D. 维修耗材

二、判断题

1. 在质检环节，若发现问题，必须立即在厂内返修。（　　　）

2. 完工车辆以车头朝内方式，关好门窗，停至"车辆竣工区"。（　　　）

3. 旧废件不需要拿塑料袋或者纸质手提袋包装。（　　　）

4. 交车前需要实车核对维修委托书，以确保所有维修项目都已完成。（　　）

5. 服务顾问应把首次保养和定期保养相关信息记录在保养手册中，并加盖经销商印章。（　　）

6. 交车检查时，不用再次确认车辆里程和油量。（　　）

拓展学习

"上门取送车"新服务更有温度

随着互联网生态圈和汽车行业的深度融合，以线下经销商门店（4S门店）为中心的传统服务模式逐渐被打破，以用户需求为中心、线上线下"双驱动"的新服务模式已成为汽车售后的新趋势，更多消费者开始追求汽车全生命周期的价值管理和出行全场景下的高品质使用体验。

相比于以往通过电话下单的常规方式，"上门取送车服务"突破原有的单一渠道，实现线上、线下相结合。用户可通过APP、微信小程序、公众号、短信等多种方式下单，这在提升便利性的同时，更实现了多样化的使用场景覆盖。

举个简单的例子，当您在周末去购物时，通过线上方式下单，经销商在接单后会立刻做出响应，专业的代驾服务人员会在约定时间，来到约定地点，经过确定信息和车辆状态后取走您的爱车。而您则可以化身"时间管理大师"，利用爱车保养的这段时间尽情享受难得的休闲时间。

同时，当您的爱车被代驾服务人员开走后，也完全不必担心车辆的安全。只需要打开手机就可查询到车辆的实时行驶轨迹。在车辆抵达经销商处后，售后服务人员会及时与您沟通车辆维保的相关项目以及所需时间。

在维保项目进行时，您还可以通过APP实时查看到爱车在维修保养中的每个细节，让整体服务体验更省心、更放心。当服务结束后，只需要通过二维码远程付款即可。随后专业代驾服务人员会按照预定路线，将您的爱车送回指定地点。而这时，您或许刚刚完成购物准备回家。

"上门取送车服务"在让车主感受到更有温度服务的同时，也成功打造出全新的售后服务模式，让每一位车主不再错过生活的每一个精彩瞬间。

❄子任务 6.2　交车结算

交车结算
操作示范

※建议学时：4 学时

 任务下达

服务顾问交付车辆时，客户李先生发现轮胎亏气，并对结算费用与预估费用不一致存在异议。随后在售后满意度调查中，服务顾问发现客户因车辆交付期间等待时间过长，产生不满。作为服务顾问，你认为是哪些地方出了问题？应该怎么妥善解决？最终满意交车，送客户离店。

任务工单

详见"学生工作页"任务六　子任务 6.2。

6.2.1　知识准备

1. 客户关怀

（1）客户关怀的含义

客户关怀理念最早由克拉特巴克提出，他认为，顾客关怀是服务质量标准化的一种基本方式，它涵盖了整个汽车售后服务流程。从顾客进店到顾客离店的每个环节，维修企业应始终记住，一次维修服务的结束也许就是下一次维修服务的开始，要使顾客感觉到你的关心自始至终。在汽车市场同质化现象严重的今天，客户关怀是提高品牌车辆客户满意度、增加经销商利润、维持品牌长远发展的有利方法。

（2）客户关怀的应用

客户关怀能够有效提高顾客的消费体验，具体表现在以下几个方面：

①高度满意的顾客会更忠实于企业；

②主动尝试品牌更多的新产品并购买价值更高的产品；

③对企业的售后维修质量说好话，形成良性口碑传播；

④忽视竞争品牌及其广告，保有客户增加，并对价格变化反应平淡；

⑤由于更加熟悉交易的程序化而降低服务成本。

2. 情感营销

情感营销就是将企业与客户的互动看成是企业与消费者产生情感作用的过程，其核心是建立和发展与消费者的长期关怀与相互信任的关系。情感营销注重长期对客户的关怀与联系，关注客户的感受、满意度与忠诚度，并强调企业员工与客户关系的建立与维持。

情感营销的作用是将企业情怀与员工情感直接注入与客户的接触联系中，让客户感受到企业对客户的关爱，企业除了提供给客户满意的维修服务外，更重要的是经营一种友好亲切的客户关系，强化企业、员工与客户间的联系与关心，借以提高客户满意度与提升企业形象，促进员工与客户的情感交流，增加客户服务与业务招揽的机会，较容易地处理客户的问题，提升服务品质，增加业务盈利，强化区域活动的造势宣传，创造良好的服务口碑，提升品牌与企业形象。

6.2.2　操作规范

1. 操作流程

本任务的操作流程可参考图 6 – 4。

2. 操作内容

（1）引导客户至车辆竣工区

服务顾问引导陪同客户前往车辆竣工区，进行交车说明。

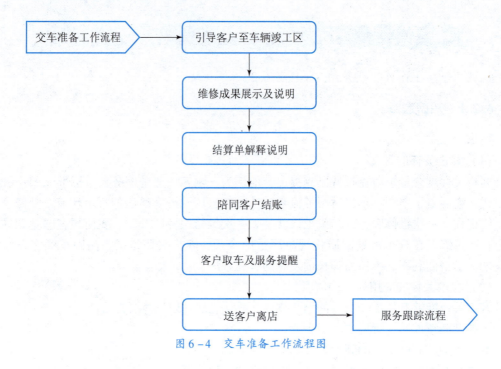

图6-4　交车准备工作流程图

[示例]

——"您好！李先生，让您久等了。您的车辆维修保养已经完成。请您跟我到车辆交付区确认一下作业质量，这边请……"

（2）维修成果展示及说明

①依据维修委托书及预检单，向客户说明车辆维修维护情况（依情况可进行路试）。

[示例]

——"李先生，现在我们一起对您的车辆维修维护情况做一下确认吧！维修技师已为您的爱车实施了××项保养检查与调整，同时也更换了机油与机油滤清器。依据我们对您的了解，车辆经常在××路况下行驶，所以已经特别请维修技师为您的爱车免费实施××部位的检查与调整……并且经维修技师检查后，查明是××备件问题造成的车辆故障，现已为您更换了一个新备件，不仅您爱车的性能已全部恢复，而且更加顺畅。我可以陪同您一起上车实际操作体验一下。"

②向客户说明、展示车辆已清洁干净。

[示例]

——"李先生，您的爱车我们已经为您免费清洗完毕，漆面也完好无损。我们的维修人员在操作过程中非常的认真仔细，也非常爱护您的车，但是为了以防万一，还是请您看一下车身情况。"

——"李先生，您好！之前您的车辆左前门处有点轻微的刮伤，我已经请我们的专业维修技师帮您进行了免费处理，您看怎么样？"

③告知客户，车辆所有功能、性能都恢复正常，座椅位置及空调、音响、电台频道、时间、灯光、反光镜恢复至客户设置的初始状态，必要时请客户体验。

[示例]

——"李先生，您的爱车所有功能、性能都已恢复正常，您车上的座椅位置及空调、音响、电台频道、时间、灯光、反光镜等也已恢复至您设置的初始状态，如有问题，请您按照您的驾驶风格调整回原位，这也是由于维修工作的需要，请多包涵！"

④向客户展示更换下来的旧件。

[示例]

——"李先生，维修时拆除的旧件，我们已经给您放到后备厢里了，您请看……这是更换下来的机滤，已经很脏了，按时更换机油机滤可以减少发动机的磨损，延长使用寿命；这是换下来的刹车片，您看，已经很薄了，跑不到您下次保养的里程数和时间了。您看这些您是自己带回去呢，还是……"

⑤向客户说明备胎、随车工具已检查完毕并说明检查结果。

[示例]

——"李先生，您的车辆备胎、随车工具也已检查完毕，随车工具齐全，备胎状态良好。"

⑥请客户确认车上物品（车主私人物品），如没有任何疑问，当着客户的面取下防护套，放于回收装置中。

[示例]

——"李先生，您看还有其他什么问题吗？如果没有，我把车辆防护用具拆掉吧！"

（3）结算单解释说明

①服务顾问引导客户至接待前台，依据维修结算单耐心地向客户核对说明维修保养项目（收费项目、优惠增值服务或免费项目）及费用（总零件费＋总工时费＋总附加费），逐一与客户确认。如没有任何问题，请客户在维修结算单上签字确认。

[示例]

——"李先生，现在请您跟我一起去接待前台吧，我就这次的维修项目以及费用向您做一个具体说明。这是您本次维修保养的维修结算单，根据我们定期保养的标准规定，我们帮您更换了发动机机油和机油滤清器，同时更换了左前减震器和前后刹车片，另外，正跟我之前跟您解释的一样，我们帮您对车辆的十一个项目进行了检查和调整，发动机舱内各个液面现在都保持正常，我们的维修技师还用电脑检测仪对车辆电脑进行了诊断，一切都是正常的。同时，还对您的车辆进行了保养提示初始化，我们的质检员经过路试，您反映的车辆原来行驶中的颠簸感也已经消失。您看，还有其他问题吗？"

——"李先生，您爱车此次保养维修的材料费是××元，工时费是××元，总共是××

元。这些和之前的预估费用是一致的。如果没有其他问题的话，请您在维修结算单这里签字确认。"

 特别提示

详细解释维修结算单上的每一项维修内容和与之对应的价格。向客户展示所有的问题都已经处理完毕，使客户理解企业所做的工作和产生的费用与制定维修委托书时的报价和项目相同。因为费用与维修项目往往是客户较为关心及敏感的话题，也是可能产生纠纷、投诉、客户不满的因素之一，尤其是当最初估价与最终结算价格不一致时，更要耐心详细地解释清楚，让客户明明白白、放心消费，从而使客户觉得物有所值，提高客户满意度。

②根据维修结算单上的"建议维修项目"向客户说明这些工作是被推荐的。特别是有关安全的"建议维修项目"，要向客户说明必须维修的原因及不修复可能带来的严重后果。

[示例]

——"李先生，我们的维修技师在维修过程中发现您的车辆前轮磨损比较厉害，已快到极限值了。这次由于时间问题，没有更换。但由于是前驱车辆，为了保证车辆的安全性和耐用性，还是建议您如果有时间，尽快到店来更换。"

 特别提示

"建议维修项目"对于一些损耗件，特别在下次保养前就需要更换的，如轮胎、刹车片、雨刮片等，要在结算单上注明，提醒客户更换，而客户不更换的，一定需要客户签字确认。

（4）陪同客户结账

向客户说明付费方式（现金、刷卡），并陪同至收银台结账付款。

[示例]

——"李先生，现在我陪同您一起去结算维修费用，这边请……您今天的保养维修费用是以现金支付还是刷卡支付？"

（5）客户取车及服务提醒

①服务顾问引导客户到车辆竣工区取车。根据维修结算单上的"下次保养提示"，提醒客户留意下次保养的时间和里程及项目内容。告知客户，服务顾问会在下次维护到期前提醒预约客户来店维护，并向客户宣传预约的好处及预约的方式。

[示例]

——"李先生，按照您的驾驶习惯，您下一次保养是行驶到××公里的时候过来，应该是在××月以后，以先到达者为准。为了方便您及时保养，我们为您准备了保养提示帖，您看我帮您贴到前风挡玻璃上可以吗？到时我们也会以电话及短信方式提前通知您的，请您放心。同时我们店也提供预约保养维修服务，您可以享受服务优先权，缩短您维修等待的时间，我们可以提前准备好工位、配件以及维修技师，确保维修质量。这是我们的预约宣传手册，里面有详细的预约方式说明，您可以了解一下。"

②向客户说明车辆相关维修维护的专业建议及车辆使用注意事项。

[示例]

——"李先生，您看，机油的颜色非常清亮，量也加到了正常范围，按时更换机油，可以保证发动机的润滑，减少磨损，降低油耗。另外，机油会随着使用逐渐减少，您需要随时检查。我向您介绍一下检查机油的基本方法：检查机油时应在汽车的非起动状态下，拔出机油油尺，擦干净，重新插入油尺并再次取出，记录油尺上的油位，正常油面应超过最高位 F 和最低位 L 之间 1/2 处，低于这个液位时，您就该考虑添加机油了。除此以外，您在平时使用车辆中还需关注刹车油、转向助力油、变速箱油、防冻液、玻璃水等液面情况。对于一些损耗件，特别是在下次保养前就需要更换的，如轮胎、刹车片、雨刮片等，如有异常，请尽快到 4S 店检查。"

——"李先生，夏天即将到来，在这里提醒您，您需要及时清洗和更换空调滤清器，不及时清理，会在一定程度上降低空调的制冷效率，增加能耗，从而缩短空调的使用寿命。其内部积累的灰尘与污垢也容易滋生细菌，会污染车内空气，危害健康；烈日暴晒后，先把所有车窗都打开，将热气排出，待车厢内温度下降后，再关闭车窗，开启空调；正常开空调行驶时，可在快到目的地前把制冷泵关掉，但保持送风功能开启，让自然风将蒸发箱内的水吹干。高温天气，请勿在车内存放电子产品、香水、眼镜、碳酸饮料、打火机等，避免发生危险。使用过程中如遇任何疑问，您都可以与我联系。"

 特别提示

> 注意忠诚客户的维系。向客户解释说明时务必说清，讲事实，讲利益。以维修建议和服务提醒、满意度检查、客户送别等方式关怀客户，维系客户。这样能够增加售后服务业务，提高企业利润，形成良好的口碑效应。

③征询客户对本次服务的整体感觉以及意见和建议，并记录，同时表示感谢。告知客户，此次服务如有任何疑问或需改进之处，请随时拨打 24 小时客服热线或与服务顾问本人进行联系，并递送名片。

[示例]

——"李先生，您对我们的这次服务还满意吗？您有什么意见和建议，请告诉我，今后我们会努力做得更好。这是我的名片，以后有任何需要，您可随时拨打我站的服务热线或我的电话，我的电话是24小时开机的。"

④告知客户，经销商会在车辆出厂后由专人对服务质量进行跟踪电话回访，咨询客户方便的回访时段。

[示例]

——"李先生，谢谢您对我们工作的肯定。三天后，我们的客服代表将对您进行电话回访，主要是询问车辆维修后的使用状况，到时还请您给予配合。您看您什么时间段比较方便？"

⑤服务顾问将车钥匙、维修结算单、保养手册、车辆放行条、发票等装入文件袋，以站姿双手递交给客户，向客户致谢。

[示例]

——"李先生，这是您爱车的钥匙以及本次保养维修的所有单据，包括维修结算单、车辆放行条、保养手册、发票等，您先检查一下，我再帮您装好。这些将是您备件保修的凭证，请您收好！感谢您支持我们的工作。"

（6）送客户离店

①服务顾问待客户上车坐稳后，轻轻关好车门，并提醒客户系好安全带。将客户送到4S店门口（必要时，引导客户将车开到行驶道上），将车辆放行条交给保安。侧身15度，面带微笑鞠躬，并说"谢谢光临"，挥手道别，欢送客户离店，直到车辆离开视线范围。

[示例]

——"李先生，车辆放行条我已交于保安处，我送您……请您携带好随身物品，系好安全带，感谢您的光临，祝您用车愉快，一路平安。"

②送行客户后，服务顾问仔细整理工作单据，维护本次维修档案，并将全部单据存档。

6.2.3 工具使用

1. 维修结算单

服务顾问在确认维修内容、价格无误后，利用维修管理系统，将结算内容打印成结算单。以此为依据，为客户提供消费明细的说明，如图6-5所示。

2. 保养提示帖

服务顾问送客户离店时，应提醒客户下次保养的时间及里程，并将保养提示帖交给客户，或者是将保养提示帖贴于前挡风玻璃处，以显示对客户的关怀，如图6-6所示。

××××特许销售服务商
维修结算单

网点编码：×××××	网点名称：××××汽车销售服务有限公司	电话：029-××××××××
邮　编：×××××	地　址：经济技术开发区××号	传真：029-××××××××

接车时间：2023-05-14　10：00

No. RO17070071　　服务顾问：陈冬　　结算时间：2023-05-14　14：10

客户名称	李明	车牌号	陕A12×××	车型	C6 2021款 400THP舒适版
客户电话	139××××××××	车辆识别代码	LDC××××××××××××		
地址	××市未央区文景路19号	售出日期	2022-05-15	行驶里程	29 800公里
联系人/ 联系电话	李明 139××××××××	发动机号	××××××××××××	外观颜色	珠光白

备用车牌号		备用车 VIN	
备用车行驶里程		备用车辆燃油显示	
托运费		交通费用补偿金额	

维修项目费用明细

序号	工时编码	维修项目	账类	项目类型	工时	工时单价	工时费用
1		30 000公里定期保养	C	定期保养	2.00	150.00	300.00
2		清洗节气门	C	定期保养	1.00	100.00	100.00
3							

维修零件费用明细

序号	零件编号	零件名称	账类	项目类型	数量	单价	零件费用
1		机油	C	定期保养	1.00	170.00	170.00
2		机油滤清器	C	定期保养	1.00	30.00	30.00
3		汽油滤清器	C	定期保养	1.00	50.00	50.00
		空调器滤芯	C	定期保养	1.00	50.00	50.00
		座舱空气滤清器	C	定期保养	1.00	50.00	50.00
		火花塞	C	定期保养	4.00	125.00	500.00
		积碳清洗剂	C	定期保养	1.00	120.00	120.00

附加费用明细

序号		附加项目	附加费用
1			

账类	索赔 W	保险 P	内部 I	客户付费 C	建议下次保养时间：2023-11-14 建议下次保养里程：36 000公里 以先到者为准
工时费用	0.00	0.00	0.00	400.00	建议维修项目： 更换右后制动片
零件费用	0.00	0.00	0.00	970.00	
附加费用	0.00	0.00	0.00	0.00	
费用合计	0.00	0.00	0.00	1 370.00	
客户总折扣金额	0.00	客户实收金额	1 370.00	客户签名　李明	服务顾问签名　陈冬

一式三联：客户、服务顾问、财务各一联

图 6-5　维修结算单

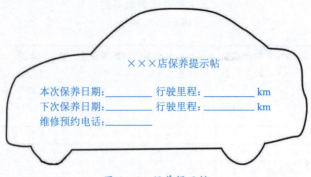

图6-6 保养提示帖

3. 车辆放行条

客户离店时，服务顾问将车辆放行条提前交给保安，目送客户离开，提高客户满意度，如图6-7所示。

出门证	××××汽车销售服务有限公司	
	车牌：	接车员：
	车型：	颜色：
	时间：	盖章：

图6-7 车辆放行条

 **巩固练习**

一、单项选择题

1. 服务顾问引导陪同客户前往（ ），进行交车说明。

    A. 客户休息室　　　　　　　　　　B. 结算中心

    C. 车辆竣工区　　　　　　　　　　D. 车辆维修区

2. 将（ ）贴于前挡风玻璃处，以显示对客户的关怀。

    A. 车辆放行条　　　　　　　　　　B. 保养提示帖

    C. 发票　　　　　　　　　　　　　D. 保养手册

3. 向客户说明（ ）已检查完毕，并说明检查结果。

    A. 底盘　　　　　　　　　　　　　B. 备胎、随车工具

    C. 发动机　　　　　　　　　　　　D. 车辆外观

二、多项选择题

1. 解释说明结算单时，需要向客户说明（ ）。

    A. 维修项目　　　　　　　　　　　B. 保养项目

    C. 费用　　　　　　　　　　　　　D. 下次保养里程

2. 展示维修成果时，应向客户展示（ ）。

    A. 车辆维修保养情况　　　　　　　B. 旧件

    C. 车辆清洁度　　　　　　　　　　D. 备胎、随车工具

三、判断题

1. 不需要当着客户的面取下防护套，这样可以更好地保护车辆内饰。（　　）
2. 服务顾问应向客户说明车辆相关维修维护的专业建议及车辆使用注意事项。（　　）
3. 如果时间来不及，可以不询问客户对本次服务的意见或建议。（　　）
4. 送客户离开4S店之前，需告知客户车辆出厂后，会有专人打电话回访。（　　）
5. 易损件需要在结算单上注明，提醒客户更换。（　　）

拓展学习

售后服务数字化

当前数字经济已成为驱动我国经济发展的关键力量，是我国产业转型升级的引擎。随着数字化与智能化逐渐深入制造业企业的生产和销售端，重视度日益上升的售后服务环节，同样离不开数字化的支撑来实现价值的释放。那么数字化与售后服务环节融合，未来会有哪些应用和发展趋势？

①数字化系统可以帮助企业建立完整的用户画像，了解用户的需求，从而主动发起客户关怀活动，建立长期客户黏性。

②企业可以通过对客户运营和设备全生命周期的管理沉淀多维度的数据，更加全面地分析客户满意度、设备的使用效率、故障情况等指标。进而从中挖掘更多产出机会，包括为客户车辆提供保养、备件更换等增值服务，以及根据实际生产需求提供设备改造等定制化解决方案等，从而推动企业的售后服务向利润中心转型。

③为了及时帮助客户解决产品的售后问题以及节约服务顾问的现场服务成本，远程技术支持未来将成为更加主流的服务模式。

④随着人力成本的上升以及设备的智能化、高端化发展，通过AI技术来提升服务效率和准确性已成为大势所趋。

⑤当下许多类型的产品和设备普遍采用的还是定期保养、巡检等预防性维护措施来保障设备的安全和系统稳定，但为了给机器的维修保养提供更精准的意见，提前预测关键设备可能发生的故障，确保设备的正常运转以及安全性，预测性维护在未来的售后服务中已必不可少。

任务七

服务跟踪

服务跟踪
操作示范

 任务导语

一次完整的服务，不能缺少服务对象的信息反馈。服务跟踪就是维修服务流程中的最后一道环节。好的服务跟踪，能够及时了解售后服务业务存在的不足，以便改进；同时也能够更好地了解客户的期望和需求，通过迅速地响应处理，增强顾客的信任感；对服务顾问而言，也是增进与客户良好关系的一次机会。

 任务要求

能力目标	知识目标	素养目标
• 能够按照企业标准完成客户回访； • 能够对客户提出的异议或问题提供解决办法	• 服务跟踪的作用； • 服务顾问跟踪回访的职责； • 维修跟踪内容和回访制度； • 维修跟踪回访的步骤； • 电话回访礼仪和技巧； • 客户抱怨和投诉处理流程	• 养成以礼待人、尊重客户的职业素养； • 具有认真负责、善始善终的工作态度； • 培养专业细致的洞察力和职业敏感度

※建议学时：2 学时

 任务下达

服务顾问陈冬今天上班时，在维修管理系统中看到了有"客户回访"的任务提醒。接下来，他就要对昨天来店里进行维修保养的李明先生等 7 位客户进行电话回访，以了解车辆保养维修后的情况。

✸子任务 7.1　知识准备

1. 跟踪回访的意义

在服务环节中，服务跟踪是保证"善始善终"的重要结尾部分。而这项工作，很多企业都交给了客服部门去完成。实际上，客服部门的介入，在客户看来，始终是第三方的感觉。一旦遇到服务过程中的问题，客服人员会因为不熟悉情况，无法恰当处理，这样往往容易造成客户不满情绪的增长。另外，客户提出的问题，又要返回到经手的服务顾问的手中，造成了效率低下。因此，需要重新认识服务跟踪的意义。

服务跟踪作为一项重要的工作，既是服务顾问的职责范围，也是企业提升服务品质的重要环节。

①通过回访，能够及时发现服务过程中存在的不足，及时沟通客户不满意之处，消除分歧，避免客户传播不满或不再惠顾，提升客户对企业服务的满意度。

②客户的爱车进行一次保养维护服务，并不代表服务的终止，后续还会有多次保养维修。服务顾问通过回访，请客户评价企业的服务情况，表达企业对车主的关心，从而加强客户对企业的印象，增进服务顾问与客户之间的关系。

③在回访过程中，客户可能会提出一些车辆使用中的疑难问题，服务顾问给客户答疑解惑，可以使服务具有主动性，有利于培养稳定的忠诚客户群。这种情况也通常是新的服务机会，服务顾问可以进行新一轮服务预约，完成企业的闭环服务作业。

2. 服务顾问在跟踪回访中的职责

①完成维修保养服务的全部流程，给客户展示一个完整的服务体系。

②对存在维修质量问题的车辆，安排回店返工。

③对存在遗留问题的客户、出现过抱怨情绪的客户，进行再次回访，解决客户问题。

④如果遇到客户投诉，在权限范围内处理，超出权限的，向服务经理申报。

~ 素养提升 7 – 1 ~~~~~

专业细致的洞察和职业敏感是服务顾问回访工作中的重要素养。通过认真倾听，捕捉关键细节，第一时间发现问题核心，才能体现专业、高效的服务和认真负责的工作态度；同时以高度的职业敏感关注用户情绪，预测用户行为，才能体现以人为本的服务精神，保障品牌与用户关系的良性发展。

3. 服务跟踪内容和回访制度

售后服务跟踪实际上是一个大的范畴。维修接待流程中的跟踪回访，只是其中之一。客户购车后，除了常规的车辆保养维修外，还可能需要店里提供信息咨询、紧急救援等服务；在店内进行车辆美容装潢；选择店里的保险代理业务、车辆年审等；对于参加了"车友俱乐部"的客户，还经常会参与店内组织的爱车讲堂、会员关爱活动。所有这些客户享受到的售后的服务业务，都需要有跟踪回访。这里由于主要是针对服务顾问的维修接待工作进行介绍，就不再展开说明。

维修跟踪回访，在一些比较好的品牌中，通常设立两级回访制度，来保障服务质量得到全面、真实的反馈。

第一级回访是服务顾问回访接待的客户，要求时间一般在客户维修保养交车后的 3 日内进行，主要关注维修保养的质量和客户感知。

第二级回访是由店内的质量专员进行回访，要求时间一般在客户维修保养交车后的 7 日内进行，不仅关注维修保养服务本身，还会关注服务顾问的服务过程，以及客户对服务的整体感知。

经过回访信息反馈，服务顾问和店内相关人员都需要针对问题改进工作，以此提高服务质量，提升客户满意度。

4. 回访礼仪和技巧

素养提升 7-2

"万事礼当先！"注重回访礼仪，不仅是尊重用户、强化品牌形象的表现，更是有效沟通的必要条件。

回访中电话礼仪的相关内容，在"任务一"中有详细介绍，这里不再赘述。

在维修跟踪回访时，服务顾问需要掌握一些技巧，可以让回访效果更好，客户感知更好。

①建议使用标准语言和积极正面的词语沟通，避免客户觉得他的车辆有问题。

②要懂得基本的维修常识，注意讲话语速和语气，给客户留下回忆细节的时间。

③耐心倾听客户描述，不要打断客户讲话，同时要记录下客户的表述内容和态度。

④如果客户有抱怨，不要找借口搪塞，应该如实记录客户反映的问题，并告知客户，给予信息反馈的时间。

⑤当客户提出的问题超出服务顾问的权限和职责范围时，服务顾问不要给客户承诺。

⑥跟客户约好的回访时间，就要严格遵循，否则容易引起客户的不满和不信任。

❀子任务 7.2 操作规范

1. 操作流程

服务跟踪实际上是包含了针对本次维修保养服务的回访跟踪和后续服务跟踪。跟踪形式，一般采用电话形式，也可以采用新兴的微信推送问卷的形式进行。以电话形式开展的维修保养跟踪回访流程如图 7-1 所示。

其中若有涉及客户抱怨和投诉的问题，在服务顾问的权限范围内，及时解决并改进日后的工作。如果超过了权限范围，需要转由服务经理处理。具体处理办法如图 7-2 所示。

2. 操作内容

由于服务顾问主要负责的是本次的维修保养跟踪，因此，在这里主要针对此部分工作进行详细的操作说明。

（1）回访前的准备

服务顾问在维修管理系统中查询前一天自己交车的客户明细，核实回访任务，掌握客户的信息、车辆的维修记录和方便回访的时间段等信息。

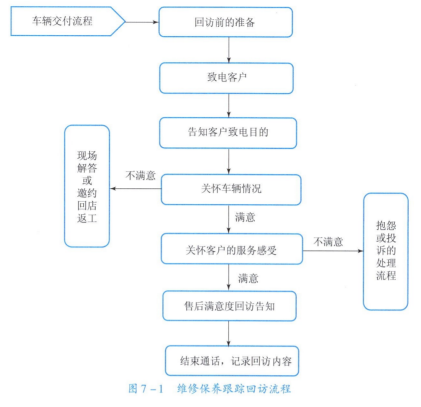

图 7-1 维修保养跟踪回访流程

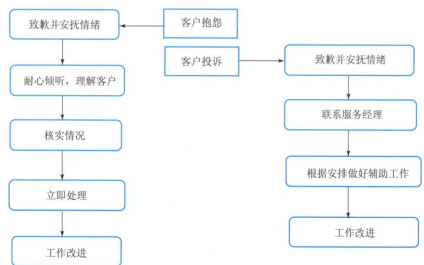

图 7-2 抱怨和投诉处理办法

 **特别提示**

做好回访前的准备，以便在与客户进行电话交谈时，信息准确，有针对性，这样更容易获得客户的好感。

（2）致电客户

根据客户提供的回访时间段给客户致电。如果客户无法接通，应在不同时间段尝试给客户再次致电，但也要尽量避开在客户休息或工作高峰期致电。

电话接通后，先礼貌问候客户，然后做自我介绍，并确认接听电话者是否是需要回访的客户。

［示例］

——"先生，您好！我是东风雪铁龙西安龙跃4S店的服务顾问陈冬，请问您是李明先生吗？"

 特别提示

为了保证致电时客户方便接听电话，或者方便客户提前了解，可以先给客户发送一条短信，说明致电时间和致电目的。

（3）告知客户致电目的

首先向客户说明致电目的，告知与客户电话沟通的预估时间，征得客户同意后，再进行沟通。如客户当时不方便接听，应向客户致歉，然后征询客户方便沟通的时间，并礼貌道别。

［示例］

——"李先生，您好！我是昨天接待过您的服务顾问陈冬，现在想占用您几分钟时间，了解一下您车辆维修后的使用情况。"

——"对不起，李先生，打扰您了，那我稍后再给您致电，了解一下车辆维修后的使用情况。李先生，再见。"

（4）关怀车辆情况

服务顾问询问客户车辆维修保养后的使用情况和感受，如果客户表示满意，就感谢客户，并告知客户，今后对使用中的任何问题都可以致电服务顾问或者4S店。

如果客户对维修质量不满，就需要请客户详细说明情况，服务顾问仔细聆听客户的描述并如实记录，然后主动预约客户到店处理。随后应立即通知技术专家，提前商讨客户反映的问题，在客户返店后，共同解决。

如果客户产生抱怨或投诉，则按客户抱怨或投诉处理办法执行。

［示例］

——"李先生，您的爱车这次做了30 000公里保养，并解决了加油迟缓的问题，您现在使用起来感觉怎么样？"

——"李先生，要是您确实觉得爱车的故障还没有消除，请您尽快来店里，我们请维修技师帮您看看，解决问题，好吗？"

（5）关怀客户的服务感受

服务顾问了解完客户车辆的使用情况后，还需要了解客户对本次保养维修的服务满意度情况，并请客户提出宝贵建议。

[示例]

——"李先生，您对本次的维修保养服务是否满意？您看，还有没有什么建议？"

 特别提示

> 服务顾问进行满意度的询问，可以及早发现工作中的问题，对客户的疑惑或不满及时响应和解决，维护客户对品牌的信任感，对服务顾问的信任感。

（6）售后满意度回访告知

服务顾问还需要告知客户，2 日后，本店的服务质量专员会进行售后满意度回访，希望得到客户的支持与配合。

[示例]

——"李先生，我们店的服务质量专员会在 2 天后，对您进行满意度的回访，希望您能够配合和支持。"

（7）结束通话，记录回访内容

最后，服务顾问需要告知客户，车辆在使用过程中如有任何疑问，可随时电话联系，再次感谢客户，结束通话。

[示例]

——"李先生，感谢您的支持，今后您有什么需要服务的，请随时联系我。祝您行车平安。再见。"

 特别提示

> 随着现代沟通方式的变革，微信等网络途径逐渐成为服务跟踪的新形式。使用微信等网络形式沟通，不容易打扰到客户，回访时间更灵活，客户拥有更大的自由空间，服务感知也更好。并且一旦建立联系，也很方便后续的跟踪和服务。
>
> 如果采用微信的形式实现客户的服务跟踪工作，前期需要找机会与客户当面互加微信好友，然后告知客户微信服务的内容，也请客户经常关注。在客户接受了一次保养维修后，微信后台可以推送一个网络问卷，请客户填写问卷，就可以完成本次维修跟踪回访了。如果店内或者服务顾问还有其他好的服务项目，也可以通过微信的形式推荐给客户。
>
> 微信是一个长期沟通的平台，服务顾问利用好这个工具，就容易成为客户的贴心朋友，培养出很多忠诚客户。

素养提升7-3

养成总结、复盘的良好习惯，是服务顾问提升工作能力的重要方法。保持科学的学习方法，坚持不懈的学习精神，善始善终，才能善作善成。

子任务7.3　工具使用

维修管理系统

客户跟踪回访的任务、客户及车辆的信息，都需要在回访前经过维修管理系统进行查询。回访时或者回访结束后，服务顾问在维修管理系统中记录回访任务的完成情况。包括回访时间、客户的反馈等信息。

巩固练习

一、多项选择题

1. 跟踪回访的主要作用有（　　　）。
   A. 及时发现服务过程中的不足　　　B. 及时了解客户的满意度，解决客户疑虑
   C. 防止客户投诉　　　　　　　　　D. 表达对客户的关心，增进与客户的关系

2. 回访电话中要注意的礼仪细节有（　　　）。
   A. 礼貌、和蔼，用标准普通话和正面的语句沟通
   B. 对客户的描述耐心倾听，不随意打断
   C. 控制通话时长为3~5分钟
   D. 对客户提出的所有问题，都要第一时间给予承诺保证

3. 遇到客户抱怨或投诉，以下做法正确的是（　　　）。
   A. 对于客户抱怨，首先要核实情况的真实性
   B. 对于客户抱怨，应先安抚情绪，再了解情况，最后着手处理
   C. 对于客户投诉，应第一时间通过物质补偿弥补客户损失
   D. 对于客户投诉，应及时通报服务经理出面解决

二、判断题

1. 客户回访前，应先查询掌握客户车辆的维修保养记录。（　　　）

2. 回访电话尽量选择客户提供的时间段。（　　　）

3. 致电客户应先说明来电目的，关怀车辆情况（　　　）

4. 回访电话中，要示意客户给出非常满意的评价。（　　　）

拓展学习

客户抱怨和投诉的处理原则与技巧

在处理客户抱怨和投诉的工作中，服务顾问的工作重点在于对抱怨和投诉的有效处理。

服务顾问应对客户的抱怨和投诉有高度的敏感性,对客户的抱怨和投诉采取积极、主动的措施;充分运用专业知识与技能对客户的抱怨和投诉进行处理和转化,及时上报超越自身处理权限的客户抱怨和投诉。

1. 客户抱怨和投诉的处理原则

(1) 对于抱怨可以遵循五步处理原则:

①先处理客户的心情,再处理事情;

②耐心倾听客户的描述和表达的情绪;

③设法平息客户的怒气;

④换位思考理解客户;

⑤以积极负责的心态提出努力的方向或解决方案,并迅速行动。

(2) 对于投诉可以遵循三步处理原则

①先按抱怨处理,看能否获得客户认同;

②若无效,则遵循息事宁人原则,提出解决方案;

③若仍无效,提出向客户赔偿或改进工作的方案,重新解决客户车辆问题。

2. 处理抱怨和投诉时的注意事项

①让客户发泄不满、释放情绪并及时回应;

②强调我们能做到什么,并在实施过程中及时向客户通告进度;

③将规则和政策当作利益,与客户达成共识;

④处理事情时,要做到人车分离,将客户带至安静场所,沟通中不要挑战客户,不要试图在争执中获胜。

参 考 文 献

[1] 段钟礼, 张擂挑. 汽车服务接待使用教程 [M]. 北京: 机械工业出版社, 2016.

[2] 戚叔林, 刘焰. 汽车维修服务 [M]. 北京: 人民交通出版社, 2010.

[3] 王彦峰. 汽车维修服务接待 [M]. 北京: 人民交通出版社, 2012.

[4] 张琳琳. 汽车维修服务接待实训教程 [M]. 北京: 人民交通出版社, 2014.

[5] 盛桂芬. 汽车售后服务接待 [M]. 北京: 机械工业出版社, 2015.

[6] 唐作厚. 汽车维修接待实务 [M]. 北京: 机械工业出版社, 2017.

[7] 赵文霞. 汽车 4S 店维修接待服务 [M]. 北京: 中国农业出版社, 2015.

[8] 金加龙. 汽车维修业务接待 [M]. 北京: 电子工业出版社, 2008.

[9] 吴荣辉, 陈信文. 汽车销售与服务流程 [M]. 上海: 同济大学出版社, 2010.

汽车维修接待实务

（第2版）

工作页手册

主　编　赵　苑　刘　茜

副主编　李　帆　曹思琳

参　编　甘秀芹　刘文静　张树峰

　　　　屈斌峰　王龙伟

主　审　申荣卫

北京理工大学出版社
BEIJING INSTITUTE OF TECHNOLOGY PRESS

内 容 简 介

本教材贯彻党的二十大精神，以德国高等教育的"行为引导法"为理念编著，突破了同类教材"理论过多不实用，实践过粗难参考"的缺憾，以内容实用、详简适宜、操作性强为原则，借鉴多家汽车品牌维修服务接待岗位的标准工作流程和能力要求，将汽车服务接待工作分解成七个任务：服务顾问职业素养养成、服务预约、客户接待与车辆预检、确定保养维修项目、维修过程中的沟通、交车作业和服务跟踪。通过任务下达，展开理论知识、工作规范的学习和实践。同时作者还特别增加了典型案例话术、相关工具使用、特别提示、素养提升等环节辅助教学，并针对各个子任务专门设计了独立的"学生工作页"供学生实践巩固。学习完本课程后，学生就能顺利成长为企业合格可用的服务顾问。

本书既可作为高等院校、高职院校学生、汽车服务类企业人员等的教材使用，也可供汽车一线服务接待人员和对汽车服务感兴趣的读者参考阅读。

图书在版编目（CIP）数据

汽车维修接待实务 / 赵苑，刘茜主编. －－ 2 版. －－
北京：北京理工大学出版社，2024.4
ISBN 978 - 7 - 5763 - 3863 - 8

Ⅰ. ①汽… Ⅱ. ①赵… ②刘… Ⅲ. ①汽车维修业 －
商业服务 Ⅳ. ①U472.31

中国国家版本馆 CIP 数据核字（2024）第 082746 号

责任编辑：王俊洁   文案编辑：王俊洁
责任校对：刘亚男   责任印制：李志强

出版发行 / 北京理工大学出版社有限责任公司
社   址 / 北京市丰台区四合庄路 6 号
邮   编 / 100070
电   话 / （010）68914026（教材售后服务热线）
　　　　　　（010）68944437（课件资源服务热线）
网   址 / http://www.bitpress.com.cn

版 印 次 / 2024 年 4 月第 2 版第 1 次印刷
印   刷 / 三河市天利华印刷装订有限公司
开   本 / 787 mm×1092 mm 1/16
印   张 / 15
字   数 / 346 千字
定   价 / 78.00 元

目　录

任 务 一
服务顾问职业素养养成

子任务 1.1　认识汽车售后服务

日期：＿＿＿＿＿＿＿＿＿＿＿　　　　　小组组别：＿＿＿＿＿＿＿＿＿＿＿

小组成员：＿＿＿＿＿＿＿＿＿＿＿＿＿＿＿＿＿＿＿＿＿＿＿＿＿＿＿＿＿

任务下达

陈冬是汽车学院的一名在校大学生，即将毕业的他一直在找工作。陈冬认为汽车服务行业前景广阔，因此他想从服务顾问岗位干起。经过了解，陈冬发现，汽车维修企业在对服务顾问任职资格的描述中要求，要具备良好的客户服务意识。因此，陈冬一直在思考，什么是服务呢？如何才能做好汽车售后服务工作呢？

工具准备

接入互联网的计算机。

任务准备

【引导问题 1】什么是服务？举例说明服务的四大特性。

＿＿＿＿＿＿＿＿＿＿＿＿＿＿＿＿＿＿＿＿＿＿＿＿＿＿＿＿＿＿＿＿＿＿＿＿＿＿

＿＿＿＿＿＿＿＿＿＿＿＿＿＿＿＿＿＿＿＿＿＿＿＿＿＿＿＿＿＿＿＿＿＿＿＿＿＿

＿＿＿＿＿＿＿＿＿＿＿＿＿＿＿＿＿＿＿＿＿＿＿＿＿＿＿＿＿＿＿＿＿＿＿＿＿＿

【引导问题 2】你认为"汽车销售服务"与"汽车维修服务"最大的不同是什么？

＿＿＿＿＿＿＿＿＿＿＿＿＿＿＿＿＿＿＿＿＿＿＿＿＿＿＿＿＿＿＿＿＿＿＿＿＿＿

＿＿＿＿＿＿＿＿＿＿＿＿＿＿＿＿＿＿＿＿＿＿＿＿＿＿＿＿＿＿＿＿＿＿＿＿＿＿

＿＿＿＿＿＿＿＿＿＿＿＿＿＿＿＿＿＿＿＿＿＿＿＿＿＿＿＿＿＿＿＿＿＿＿＿＿＿

【引导问题 3】生活中我们经常扮演客户的角色，回想你作为客户的经历，举例说明什么是客户满意度？满意度的高低是如何影响你之后的想法与行动的？

＿＿＿＿＿＿＿＿＿＿＿＿＿＿＿＿＿＿＿＿＿＿＿＿＿＿＿＿＿＿＿＿＿＿＿＿＿＿

＿＿＿＿＿＿＿＿＿＿＿＿＿＿＿＿＿＿＿＿＿＿＿＿＿＿＿＿＿＿＿＿＿＿＿＿＿＿

＿＿＿＿＿＿＿＿＿＿＿＿＿＿＿＿＿＿＿＿＿＿＿＿＿＿＿＿＿＿＿＿＿＿＿＿＿＿

任务实施

为了更好地理解服务的概念，请完成以下问题。

1. 案例分析一。

【案例】

王永庆是台湾地区最受推崇的企业家和管理大师，他从小家境贫寒，只读了几年书就辍学了。1931 年，15 岁的王永庆来到嘉义一家米店做学徒小工，第二年靠着东拼西凑的 200 元资金开了自己的米店。当时小小的嘉义已有米店近 30 家，竞争非常激烈。王永庆只能在一条偏僻的巷子里租一间小铺面。他的米店开办最晚，规模最小，而且由 3 个未成年的小孩打理。面对这些不利条件，王永庆并没有怨天尤人，而是开动脑筋想办法。

因为那时稻谷粗放式的收割与加工技术，米里经常会掺杂进小石子之类的杂物。所以人们在做饭之前，都要淘好几次米，大家都已习以为常，见怪不怪。有些米店老板甚至认为，那些杂质还可以多卖些钱呢。王永庆却从这司空见惯之中发现了机会，他和两个弟弟一起动手，仔细地将米里的秕糠、砂石之类的杂物拣出来，然后卖。一段时间之后，王永庆的米最好，已经口口相传、尽人皆知了。别的米店下午 6 点关门，王永庆却一直开到晚上 10 点多。当时人们经济都不宽裕，他就先赊账，然后约定到发薪的日子去收账。那时候因为年轻人都忙于工作，来买米的顾客以老年人居多。王永庆于是主动送米上门，开创了"送货上门"服务的先河，赢得顾客的称赞。王永庆送米，并非放到门口了事，如果米缸里还有陈米，他就将旧米倒出来，把米缸擦洗干净，把新米倒进去，再将旧米放到最上层，如此一来，陈米就不至于因存放过久而变质。这一细致而超越期望的服务令顾客印象深刻，且深受感动，从此以后，更成为雷打不动的忠诚顾客。如果给顾客送米，王永庆就细心记下这户人家的米缸容量，通过聊天了解家里有几个大人、几个小孩，每人饭量如何，据此估计下次买米的大概时间，认真记在本子上。届时不等顾客上门，他就提前一两天主动将米送到客户家里。王永庆的生意日渐红火，经过一年多的资金积累和客户积累，便投资开办了碾米厂，并向周边地区开设米店。

（1）请分析老百姓在买米过程中的期望有哪些？王永庆是如何超越客户期望值的？

_____

_____

_____

（2）请运用本节课的知识分析王永庆为何会成功？

_____

_____

_____

（3）读了这个案例，对你做好服务工作有什么启示？

_____

_____

_____

2. 案例分析二。

【案例】

有一车主到某专营店修车，需要更换备件。客户一看到服务接待的报价，很吃惊，因为备件的价格明显比其他品牌的价格高很多，就嫌太贵，问能不能便宜点。服务接待回答说："对不起，我们这是全国统一定价，不能打折。"客户听到后十分不高兴，就想去别的地方修。服务接待说道："别的地方修不了，我们这款车的备件其他渠道买不到，您只能在这里修。"客户听到后愣了一下，想想也是，谁让自己买了这款车，于是就在这里修了。

（1）"文中的客户是回头客，是企业的忠诚客户"这个观点对吗？为什么？

_____

_____

（2）你认为这位客户会如何向朋友说起这件事？写下他的原话。你认为他的话对这家专营店会有什么样的影响？

_____

_____

_____

3. 请你对周围的一家店铺或超市进行实地考察，并对其服务做出评价。

（1）考察对象。

店铺名称：_____

地址：_____

（2）对店铺的服务质量进行评价。

如果满分是 10 分，你能对他的服务打_____分，评价表如表 1-1 所示。

表 1-1　评价表

满意度	服务项目	评分/分
令你"非常满意"的地方		
令你"基本满意"的地方		
令你"不满意"的地方		
令你"很不满意"的地方		

（3）对店铺服务质量的改进建议。

_____

_____

_____

（4）制作 PPT（附考察图片），进行课堂汇报。

任务评价

请对照任务考核工单 1 – 1 进行评价。

任务考核工单 1 – 1

子任务 1.1 认识汽车售后服务				
任务标准	分数/分	任务评价		
		学生自评	小组互评	教师评价
1. 案例分析 1 回答准确	15			
2. 案例分析 2 回答准确	15			
3. 选定店铺并说明理由	10			
4. 分析店铺服务质量	20			
5. 能提出合理的改进意见	20			
6. PPT 制作	10			
7. 语言表达	10			
合计	100			
综合评价（评语）				
案例分析 1				
案例分析 2				
店铺考察				
评价等级	☆ ☆ ☆ ☆ ☆			

任务总结

完成较好的方面：

_____

_____

_____

有待改进的方面：

_____

_____

_____

子任务1.2 服务顾问岗位认知

日期：＿＿＿＿＿＿＿＿＿＿＿＿＿ 小组组别：＿＿＿＿＿＿＿＿＿＿＿＿

小组成员：＿＿＿＿＿＿＿＿＿＿＿＿＿＿＿＿＿＿＿＿＿＿＿＿＿＿＿＿＿

任务下达

通过前期的知识积累，陈冬已经对汽车服务工作有了大概的了解，如果想要应聘服务顾问岗位，接下来，他还需要了解服务顾问的具体工作内容是什么？如何按照企业的要求来开展工作？

工具准备

接入互联网的计算机、汽车企业的服务接待视频。

任务准备

【引导问题1】要成为一名服务顾问，需要具备哪些能力？

＿＿＿＿＿＿＿＿＿＿＿＿＿＿＿＿＿＿＿＿＿＿＿＿＿＿＿＿＿＿＿＿＿＿＿＿＿＿

＿＿＿＿＿＿＿＿＿＿＿＿＿＿＿＿＿＿＿＿＿＿＿＿＿＿＿＿＿＿＿＿＿＿＿＿＿＿

＿＿＿＿＿＿＿＿＿＿＿＿＿＿＿＿＿＿＿＿＿＿＿＿＿＿＿＿＿＿＿＿＿＿＿＿＿＿

＿＿＿＿＿＿＿＿＿＿＿＿＿＿＿＿＿＿＿＿＿＿＿＿＿＿＿＿＿＿＿＿＿＿＿＿＿＿

【引导问题2】在图1-1中写出完整的服务流程，并简要描述每个步骤的主要工作内容。

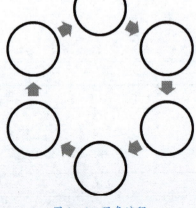

图1-1 服务流程

步骤一 _____

步骤二 _____

步骤三 _____

步骤四 _____

步骤五 _____

步骤六 _____

任务实施

为了更好地理解服务顾问的工作，请完成以下问题。

1. 请你以某汽车维修企业人事主管的身份撰写一则服务顾问的招聘启事，需要将岗位职责和个人能力要求写出来。

_____

_____

_____

_____

请上网查找资料，任选两个汽车服务品牌，在图 1-2 和图 1-3 中写下它们的接待流程，并进行对比分析。

图 1-2 _____服务接待流程图①

图 1-3 _____服务接待流程图②

（1）两个服务品牌的接待流程有什么不同之处？

_____

_____

_____

（2）你认为哪个流程更合理？为什么？

_____

_____

_____

2. 仔细观看企业服务流程视频，回答下列问题。

（1）视频中出现了哪些不同的工作区域？请写下来。

工作区域①_____ 工作区域②_____

工作区域③_____ 工作区域④_____

工作区域⑤_____ 工作区域⑥_____

（2）记录下视频中服务顾问的工作场景及工作区域（工作区域写出标号即可）。

场景 1 _____ 发生在工作区域_____

场景 2 _____ 发生在工作区域_____

场景 3 _____ 发生在工作区域_____

场景 4 _____ 发生在工作区域_____

场景 5 _____ 发生在工作区域_____

场景 6 _____ 发生在工作区域_____

场景 7 _____　发生在工作区域_____

场景 8 _____　发生在工作区域_____

场景 9 _____　发生在工作区域_____

场景 10 _____　发生在工作区域_____

任务评价

请对照任务考核工单 1 - 2 进行评价。

任务考核工单 1 - 2

子任务 1.2　服务顾问岗位认知				
任务标准	分数/分	任务评价		
		学生自评	小组互评	教师评价
1. 招聘启事内容完成，描述准确	15			
2. 不同品牌服务流程的对比分析	15			
3. 对视频中工作区域的描述	10			
4. 对视频中工作场景的描述	20			
合计	60			
综合评价（评语）				
招聘启事				
流程对比				
视频描述				
评价等级	☆　☆　☆　☆　☆			

任务总结

完成较好的方面：

_____

_____

_____

有待改进的方面：

_____

_____

_____

子任务1.3 提升服务礼仪素养

日期：＿＿＿＿＿＿＿＿＿＿＿＿＿＿＿　　　小组组别：＿＿＿＿＿＿＿＿＿＿＿＿＿

小组成员：＿＿＿＿＿＿＿＿＿＿＿＿＿＿＿＿＿＿＿＿＿＿＿＿＿＿＿＿＿＿＿＿＿

任务下达

现在，陈冬已经对服务顾问岗位有了了解，不过，他认为，作为一名服务顾问，不仅要学习工作流程，良好的礼仪素养也是必不可少的。那么，在工作中，如何提升礼仪素养呢？

工具准备

工作牌、名片、手机（带拍照功能）或相机、落地镜、椅子数把。

任务准备

【引导问题1】良好的礼仪对服务工作有什么影响？

＿＿＿＿＿＿＿＿＿＿＿＿＿＿＿＿＿＿＿＿＿＿＿＿＿＿＿＿＿＿＿＿＿＿＿＿＿＿＿

＿＿＿＿＿＿＿＿＿＿＿＿＿＿＿＿＿＿＿＿＿＿＿＿＿＿＿＿＿＿＿＿＿＿＿＿＿＿＿

＿＿＿＿＿＿＿＿＿＿＿＿＿＿＿＿＿＿＿＿＿＿＿＿＿＿＿＿＿＿＿＿＿＿＿＿＿＿＿

【引导问题2】对于服务顾问，如何规范仪容礼仪？

＿＿＿＿＿＿＿＿＿＿＿＿＿＿＿＿＿＿＿＿＿＿＿＿＿＿＿＿＿＿＿＿＿＿＿＿＿＿＿

＿＿＿＿＿＿＿＿＿＿＿＿＿＿＿＿＿＿＿＿＿＿＿＿＿＿＿＿＿＿＿＿＿＿＿＿＿＿＿

＿＿＿＿＿＿＿＿＿＿＿＿＿＿＿＿＿＿＿＿＿＿＿＿＿＿＿＿＿＿＿＿＿＿＿＿＿＿＿

【引导问题3】作为服务顾问，对着装礼仪的基本要求是什么？

＿＿＿＿＿＿＿＿＿＿＿＿＿＿＿＿＿＿＿＿＿＿＿＿＿＿＿＿＿＿＿＿＿＿＿＿＿＿＿

＿＿＿＿＿＿＿＿＿＿＿＿＿＿＿＿＿＿＿＿＿＿＿＿＿＿＿＿＿＿＿＿＿＿＿＿＿＿＿

＿＿＿＿＿＿＿＿＿＿＿＿＿＿＿＿＿＿＿＿＿＿＿＿＿＿＿＿＿＿＿＿＿＿＿＿＿＿＿

任务实施

为了提升个人礼仪素养，请完成以下问题。

1. 讨论服务礼仪中对于个人仪容仪表的基本要求，并互相打分，记录在表 1－2 中。

表 1－2　个人仪容仪表的打分

部位	要求	给自己打分（0～5 分）	给他人打分（0～5 分）

（1）请写下组内同学对你的建议：

____

____

____

（2）听了他们的建议，你打算如何做？

____

____

____

2. 接车前，对于个人形象，你准备得如何？请将本人的规范形象以照片的形式贴于下方空白处，如图 1－4～图 1－7 所示。

大头照

图 1－4　大头照

正面全身照

图 1－5　正面全身照

图 1-6　标准站姿　　　　　　　　图 1-7　标准坐姿

3. 请在实训场地，完成以下任务。

王丽女士于早晨 10 时来店办理保险事宜，保险专员的办公室在二楼走廊尽头的右手边，按照问候—自我介绍—递送名片—询问需求—指引客户的顺序，进行客户接待，并写下礼貌用语。

（1）问候语。

①_____

②_____

③_____

（2）自我介绍。

①_____

②_____

（3）指引的语言。

①_____

②_____

任务评价

请对照任务考核工单 1-3 进行评价。

任务考核工单 1-3

任务标准	分数/分	任务评价		
		学生自评	小组互评	教师评价
1. 着装干净整洁	10			
2. 仪容规范	10			
3. 仪态规范	10			
4. 使用恰当的礼貌用语	10			
5. 面带微笑，与客户保持目光接触	10			
6. 介绍礼仪规范	10			
7. 名片礼仪规范	10			
8. 指引礼仪规范	10			
合计	80			
仪容仪表仪态				
交往礼仪				
评价等级	☆　☆　☆　☆　☆			

子任务 1.3　提升服务礼仪素养

任务总结

完成较好的方面：

_____

_____

_____

_____

有待改进的方面：

_____

_____

_____

_____

_____

任务二
服务预约

子任务 2.1 主动预约客户

日期：_____   小组组别：_____

小组成员：_____

任务下达

李明先生，35 岁，在东风雪铁龙西安龙跃 4S 店新购买一辆雪铁龙 C6 2021 款 400THP 舒适版轿车，他平时非常在意车辆的使用和维护，今天上午 10 点，他接到了一个电话，提醒他应该进行车辆的首次保养，为了避免等候时间过长，4S 店建议他进行一个预约。于是，约定后天早上 9：00 对车辆进行 5 000 公里保养。

作为服务顾问，请主动致电李先生，就预约事宜进行商定。在预约过程中展示专业素养，树立良好的服务形象。

工具准备

电话、维修管理系统、预约登记单、笔。

任务准备

【引导问题 1】什么是主动预约客户？

_____

_____

_____

_____

【引导问题 2】实施主动预约客户对经销商和客户的好处是什么？

_____

_____

_____

_____

【引导问题3】 主动预约客户时，打电话的礼仪要求是什么？

_____

_____

【引导问题4】 同学之间互相讨论，在与客户进行主动预约前，需要做哪些准备工作？并互相打分。如表2-1所示。

表 2-1 评价表

工作内容	要求	给自己打分 (0~5分)	给他人打分 (0~5分)

（1）请写下他对你的建议：

_____

_____

_____

_____

（2）听了他的建议，你打算如何做？

_____

_____

_____

_____

任务实施

1. 与本组成员共同布置场地，准备好工具、单据和资料，摆放妥当，并进行核对，如表2-2所示。

表2-2　准备并核对工具、单据和资料

准备内容	√	准备内容	√	准备内容	√

2. 请编写完成一条预约提醒短信（5 000公里保养，明天上午9：00，维护时间1个小时，维护费用是免费）。

"您好，_____先生！非常感谢您在_____选购_____，本店特此提醒您在购车_____月内_____公里时来本店做_____保养，如需预约，欢迎致电咨询，_____，祝您行车平安！_____服务顾问_____，店面地址：_____；联系电话_____，_____。"

如有其他的提醒短信，请写下你的建议：

_____

_____

_____

_____

_____

_____

_____

_____

3. 请以服务顾问的身份，制定主动预约李先生的电话工作流程。如图2-1所示。

4. 请按照主动预约李先生的工作流程写出电话沟通的内容。

（1）主动致电客户的问候语及自我介绍。

_____

_____

_____

（2）向客户说明来电意图。

_____

_____

_____

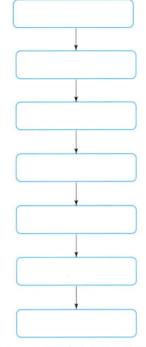

图 2 − 1　预约李先生的工作流程

（3）向客户确认预约时间。

_____

_____

_____

（4）向客户确认维修项目及价格。

_____

_____

_____

（5）电话结束语。

_____

_____

_____

（6）与客户到店前的预约确认用语。

①_____

_____

②_____

_____

③_____

_____

5. 请以服务顾问的身份给李先生拨打电话，提醒并预约首次保养，完成以下预约登记单，如表 2-3 所示。

表 2-3　预约登记单

编号：　　　　　　　　　　　　　　　　　　　　预约登记时间：　　　年　　月　　日

客户姓名：	车牌号：	车型：		行驶里程：
联系电话：	预约服务顾问：	预约维修类型：维修□　保养□　返修□　疑难故障□		
预约日期：	预约时间：	偏好的联系方式：手机□　座机□　短信□　其他□		
预计交车时间：	客户是否需要替代车辆：是□　否□	是否是返修或抱怨客户：　是□　否□		
客户描述及要求：				
上次维修建议及未处理项目：				

预约维修内容	工时费用	所需备件	价格	备件状况

备　注：

是否参加服务活动：　　　　　是□　否□	是否提前确认：　　72H□　24H□　1H□
预约所需配件是否有库存：　　是□　否□	预约所需维修技师是否已准备：　是□　否□
客户主动取消预约：　　　　　是□　否□	客户是否准时到店：　　　　是□　否□
预约时间是否改变：　　　　　是□　否□	客户是否重新预约：　　　　是□　否□
客户新预约的时间：　　年　月　日　时　分	公司未能执行预约的原因：

服务顾问签名：　　　备件管理员签名：　　　车间主任签名：　　　服务经理签名：

任务评价

请对照任务考核工单 2 – 1 进行评价。

任务考核工单 2 – 1

子任务 2.1　主动预约客户				
任务标准	分数/分	任务评价		
		学生自评	小组互评	教师评价
礼仪规范（18 分）				
1. 着装干净整洁	3			
2. 仪容规范	3			
3. 面带微笑，坐姿端正	3			
4. 使用礼貌用语	3			
5. 左手持话筒，右手记录	3			
6. 轻拿轻放电话	3			
沟通技巧（10 分）				
1. 表达流畅、口齿清楚	4			
2. 有效倾听	3			
3. 恰当提问	3			
流程操作（45 分）				
1. 适时拨打电话，亲切问候并确认客户姓名	3			
2. 报出公司名称、你的姓名并提供帮助	3			
3. 询问客户此时是否方便接听电话	3			
4. 在对话过程中称呼客户姓名	3			
5. 对于老客户，确认客户信息，及时更新	4			
6. 向客户简要说明来电意图	3			
7. 确认客户车辆信息及行驶里程	5			
8. 询问客户最方便在什么日期和时间进行预约	3			
9. 告知客户维修/保养项目及预估费用	5			
10. 确认能够交车的日期和时间	3			
11. 确认客户是否需要替代交通工具	3			
12. 告知客户预约确认的时间	3			
13. 重复客户预约的相关信息	3			
14. 向客户致谢，结束谈话	5			
15. 正确使用预约单据，填写规范	3			
合计	80			

续表

任务标准	分数/分	任务评价		
		学生自评	小组互评	教师评价
综合评价（评语）				
礼仪规范				
沟通技巧				
流程操作				
评价等级		☆　☆　☆　☆　☆		

子任务2.1　主动预约客户

任务总结

完成较好的方面：

_____

_____

_____

_____

有待改进的方面：

_____

_____

_____

_____

子任务 2.2 客户主动预约

日期：_____   小组组别：_____

小组成员：_____

任务下达

李明先生，35 岁，拥有一辆雪铁龙 C6 2021 款 400THP 舒适版轿车，他平时非常在意车辆的使用和维护，该车辆已经行驶了 29 800 公里，经过上次的预约服务，他发现好处挺多，于是今天上午 9 点，他向东风雪铁龙西安龙跃 4S 店打电话进行预约，想在明天早上 10：00 对车辆进行 30 000 公里保养。

作为服务顾问，请你做好来电客户李先生针对预约的相关工作，在预约过程中展示专业素养，树立良好的服务形象。

工具准备

电话、维修管理系统、预约登记单、笔。

任务准备

【引导问题 1】什么是客户主动预约？

_____

_____

【引导问题 2】请写出客户在预约中的期望是什么？

_____

_____

【引导问题 3】为什么汽车维修企业鼓励客户进行主动预约？客户主动预约有哪些好处？

_____

_____

_____

【引导问题4】在客户主动预约时，接听电话的礼仪要求是什么？

_____

_____

_____

_____

任务实施

1. 与本组成员共同布置场地，准备好工具、单据和资料，摆放妥当，并进行核对，如表2-4所示。

表2-4　准备并核对工具、单据和资料

准备内容	√	准备内容	√	准备内容	√

2. 请以服务顾问的身份，完善接听李先生预约电话的工作流程，如图2-2所示。请写出你对工作流程的看法。

_____

_____

_____

_____

3. 请按照客户主动预约的工作流程，设计接听李先生的电话内容。

（1）接听电话时的问候语及自我介绍。

① _____

② _____

（2）向客户获取相关信息（客户姓名、_____、_____、车型、

_____）。

① _____

② _____

③ _____

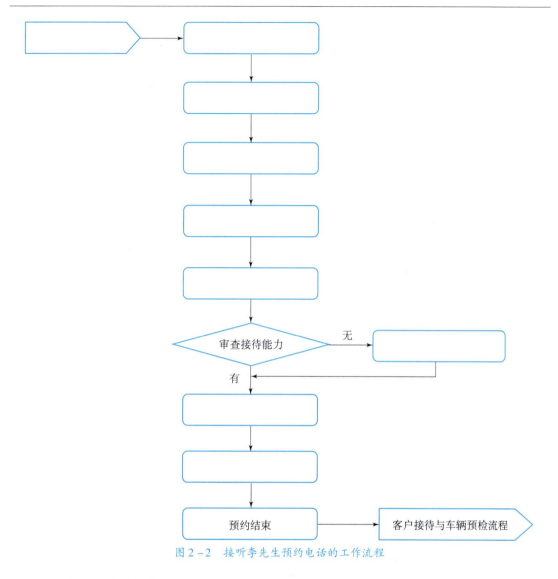

图 2 - 2　接听李先生预约电话的工作流程

（3）与客户确认信息。

①_____

_____

②_____

_____

（4）询问并确认客户来电需求。

①_____

②_____

（5）询问客户预约时间要求。

①_____

②_____

（6）向客户说明车辆维修费用的估价及作业时间。

① _____

_____

② _____

_____

（7）向客户确认预约内容。

① _____

_____

② _____

_____

（8）电话结束语。

_____

_____

_____

4. 请以服务顾问的身份，接听李先生的电话，完成以下预约登记单，如表 2-5 所示。

表 2-5　预约登记单

编号：　　　　　　　　　　　　　　　　　　　　预约登记时间：　　　年　　月　　日

客户姓名：	车牌号：	车型：			行驶里程：
联系电话：	预约服务顾问：	预约维修类型：维修□　保养□　返修□　疑难故障□			
预约日期：	预约时间：	偏好的联系方式：手机□　座机□　短信□　其他□			
预计交车时间：	客户是否需要替代车辆：是□　否□	是否是返修或抱怨客户：　是□　否□			
客户描述及要求：					
上次维修建议及未处理项目：					

续表

预约维修内容	工时费用	所需备件	价格	备件状况

备　注：

是否参加服务活动：　　　　　　　是□　否□	是否提前确认：　　72H□　　24H□　　1H□
预约所需配件是否有库存：　　　　是□　否□	预约所需维修技师是否已准备：　　是□　否□
客户主动取消预约：　　　　　　　是□　否□	客户是否准时到店：　　　　　　　是□　否□
预约时间是否改变：　　　　　　　是□　否□	客户是否重新预约：　　　　　　　是□　否□
客户新预约的时间：　　年　月　日　时　分	公司未能执行预约的原因：

服务顾问签名：　　　　　备件管理员签名：　　　　　车间主任签名：　　　　　服务经理签名：

5. 服务顾问在客户主动预约通话结束后，为客户来店还需要做哪些准备工作？请写出他们的工作内容及要求，如表 2 - 6 所示。

表 2 - 6　工作内容及要求

工作内容	要求
填写预约登记单	
确定备件是否有库存	

任务评价

请对照任务考核工单 2 - 2 进行评价。

任务考核工单 2-2

子任务 2.2　客户主动预约				
任务标准	分数/分	任务评价		
		学生自评	小组互评	教师评价
礼仪规范（18 分）				
1. 着装干净整洁	3			
2. 仪容规范	3			
3. 面带微笑，坐姿端正	3			
4. 使用礼貌用语	3			
5. 左手持话筒，右手记录	3			
6. 轻拿轻放电话	3			
沟通技巧（10 分）				
1. 表达流畅、口齿清楚	4			
2. 有效倾听	3			
3. 恰当提问	3			
流程操作（42 分）				
1. 立即接听电话（铃响三声之内）	3			
2. 亲切问候，报出公司名称、你的姓名并提供帮助	3			
3. 在对话过程中询问并称呼客户姓名	3			
4. 对于老客户，确认客户信息	3			
5. 通过提问弄清客户担心的问题或服务需求	3			
6. 获取客户车辆信息及行驶里程	3			
7. 询问客户最方便在什么日期和时间进行预约	3			
8. 告知客户维修/保养项目及预估费用	3			
9. 确认能够交车的日期和时间	3			
10. 确认客户是否需要替代交通工具	3			
11. 告知客户预约确认的时间	3			
12. 重复客户预约的相关信息	3			
13. 向客户致谢，结束谈话	3			
14. 正确使用预约单据，填写规范	3			
合计	70			

续表

子任务2.2　客户主动预约	
综合评价（评语）	
礼仪规范	
沟通技巧	
流程操作	
评价等级	☆　　☆　　☆　　☆　　☆

任务总结

完成较好的方面：

_____

_____

_____

有待改进的方面：

_____

_____

_____

任务三
客户接待与车辆预检

子任务 3.1　客户接待与车辆预检

日期：＿＿＿＿＿＿＿＿＿＿＿＿＿　　　小组组别：＿＿＿＿＿＿＿＿＿＿＿＿

小组成员：＿＿＿＿＿＿＿＿＿＿＿＿＿＿＿＿＿＿＿＿＿＿＿＿＿＿＿＿＿＿

任务下达

　　服务顾问每天都要和形形色色的客户打交道，要面对各种各样的车辆故障，而前来维修的客户似乎没有几个好脸色，今天，东风雪铁龙西安龙跃 4S 店售后接待区来了一位客户——李明先生，他驾驶自己的雪铁龙 C6 2021 款 400THP 舒适版轿车来店做保养，目前车辆行驶了 29 800 公里，根据保养手册的提示，李先生想要给车做保养，请你以服务顾问的身份做好客户接待工作。

工具准备

胸牌、保养手册、接车板、预检单、车辆防护用具、名片、中性笔。

任务准备

【引导问题 1】什么是舒适区？为何要引导客户进入舒适区？

＿＿＿＿＿＿＿＿＿＿＿＿＿＿＿＿＿＿＿＿＿＿＿＿＿＿＿＿＿＿＿＿＿＿＿＿＿

＿＿＿＿＿＿＿＿＿＿＿＿＿＿＿＿＿＿＿＿＿＿＿＿＿＿＿＿＿＿＿＿＿＿＿＿＿

＿＿＿＿＿＿＿＿＿＿＿＿＿＿＿＿＿＿＿＿＿＿＿＿＿＿＿＿＿＿＿＿＿＿＿＿＿

【引导问题 2】"第一印象"对汽车服务接待来说是否重要？为什么？

＿＿＿＿＿＿＿＿＿＿＿＿＿＿＿＿＿＿＿＿＿＿＿＿＿＿＿＿＿＿＿＿＿＿＿＿＿

＿＿＿＿＿＿＿＿＿＿＿＿＿＿＿＿＿＿＿＿＿＿＿＿＿＿＿＿＿＿＿＿＿＿＿＿＿

＿＿＿＿＿＿＿＿＿＿＿＿＿＿＿＿＿＿＿＿＿＿＿＿＿＿＿＿＿＿＿＿＿＿＿＿＿

【引导问题 3】"第一印象"与哪些因素有关？如何做才能留下好印象？

＿＿＿＿＿＿＿＿＿＿＿＿＿＿＿＿＿＿＿＿＿＿＿＿＿＿＿＿＿＿＿＿＿＿＿＿＿

＿＿＿＿＿＿＿＿＿＿＿＿＿＿＿＿＿＿＿＿＿＿＿＿＿＿＿＿＿＿＿＿＿＿＿＿＿

＿＿＿＿＿＿＿＿＿＿＿＿＿＿＿＿＿＿＿＿＿＿＿＿＿＿＿＿＿＿＿＿＿＿＿＿＿

【引导问题 4】为什么要进行环车检查?

_____

_____

_____

按图 3 - 1 中标号的顺序依次写出每个方位的检查项目。

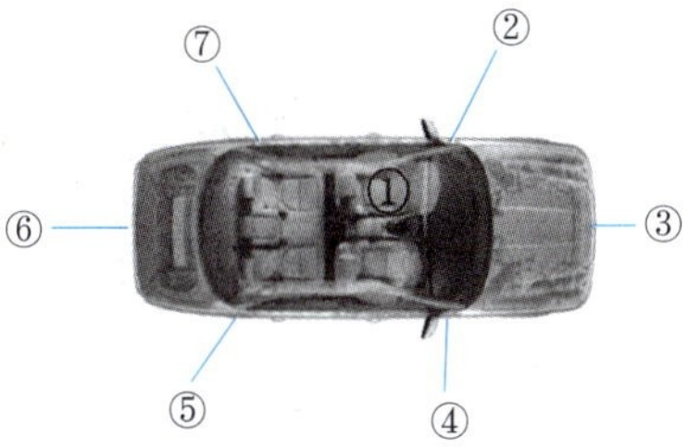

图 3 - 1　环车检查

①_____

②_____

③_____

④_____

⑤_____

⑥_____

⑦_____

【引导问题 5】为何要填写预检单?

_____

_____

_____

任务实施

1. 与本组成员共同布置场地,准备好工具、单据和资料,摆放妥当,并进行核对,如表 3 - 1 所示。

表 3 - 1　准备并核对工具、单据和资料

准备内容	√	准备内容	√	准备内容	√

2. 观察车辆仪表盘，在表3-2的空白处写出以下指示灯的名称，以及在何种情况下会亮起。

表3-2 指示灯的名称及亮起的情况

🚗		⊙	
⛽		发动机	
🛢		ABS	
车打滑		安全带人	
安全带		水温	
胎压		电瓶	

3. 对实训车辆进行发动机舱内部检查，并结合图3-2~图3-7，完成下列问题。

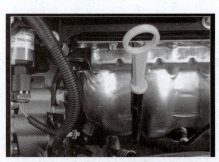

图3-2 发动机舱内部检查①

名称：_____

作用：_____

_____

_____

如何检查：_____

_____

_____

检查结果：_____

_____

图 3 - 3　发动机舱内部检查②

名称：_____

作用：_____

_____

如何检查：_____

_____

_____

检查结果：_____

_____

_____

_____

图 3 - 4　发动机舱内部检查③

名称：_____

作用：_____

_____

如何检查：_____

_____

_____

检查结果：_____

_____

_____

_____

图 3 - 5　发动机舱内部检查④

图 3 - 6　发动机舱内部检查⑤

名称：＿＿＿＿＿＿＿＿＿＿＿＿　　　　　名称：＿＿＿＿＿＿＿＿＿＿＿＿

作用：＿＿＿＿＿＿＿＿＿＿＿＿　　　　　作用：＿＿＿＿＿＿＿＿＿＿＿＿

＿＿＿＿＿＿＿＿＿＿＿＿＿＿　　　　　＿＿＿＿＿＿＿＿＿＿＿＿＿＿

如何检查：＿＿＿＿＿＿＿＿＿　　　　　如何检查：＿＿＿＿＿＿＿＿＿

＿＿＿＿＿＿＿＿＿＿＿＿＿＿　　　　　＿＿＿＿＿＿＿＿＿＿＿＿＿＿

检查结果：＿＿＿＿＿＿＿＿＿　　　　　检查结果：＿＿＿＿＿＿＿＿＿

＿＿＿＿＿＿＿＿＿＿＿＿＿＿　　　　　＿＿＿＿＿＿＿＿＿＿＿＿＿＿

名称：＿＿＿＿＿＿＿＿＿＿＿＿

作用：＿＿＿＿＿＿＿＿＿＿＿＿

如何检查：＿＿＿＿＿＿＿＿＿

检查结果：＿＿＿＿＿＿＿＿＿

＿＿＿＿＿＿＿＿＿＿＿＿＿＿

图 3-7　发动机舱内部检查⑥

4. 与同组成员以角色扮演的形式，完成本任务的客户接待工作，写下服务顾问的沟通话术，并填写接车检查单（见图3-8）。

（1）提前一小时与预约客户确认。

服务顾问：＿＿＿＿＿＿＿＿＿＿＿＿＿＿＿＿＿＿＿＿＿＿＿＿＿＿＿＿

＿＿＿＿＿＿＿＿＿＿＿＿＿＿＿＿＿＿＿＿＿＿＿＿＿＿＿＿＿＿＿＿＿＿＿

＿＿＿＿＿＿＿＿＿＿＿＿＿＿＿＿＿＿＿＿＿＿＿＿＿＿＿＿＿＿＿＿＿＿＿

（2）迎接客户。

服务顾问：＿＿＿＿＿＿＿＿＿＿＿＿＿＿＿＿＿＿＿＿＿＿＿＿＿＿＿＿

＿＿＿＿＿＿＿＿＿＿＿＿＿＿＿＿＿＿＿＿＿＿＿＿＿＿＿＿＿＿＿＿＿＿＿

＿＿＿＿＿＿＿＿＿＿＿＿＿＿＿＿＿＿＿＿＿＿＿＿＿＿＿＿＿＿＿＿＿＿＿

（3）获取客户需求。

服务顾问：＿＿＿＿＿＿＿＿＿＿＿＿＿＿＿＿＿＿＿＿＿＿＿＿＿＿＿＿

＿＿＿＿＿＿＿＿＿＿＿＿＿＿＿＿＿＿＿＿＿＿＿＿＿＿＿＿＿＿＿＿＿＿＿

＿＿＿＿＿＿＿＿＿＿＿＿＿＿＿＿＿＿＿＿＿＿＿＿＿＿＿＿＿＿＿＿＿＿＿

（4）获取报修人姓名和联系电话。

服务顾问：＿＿＿＿＿＿＿＿＿＿＿＿＿＿＿＿＿＿＿＿＿＿＿＿＿＿＿

＿＿＿＿＿＿＿＿＿＿＿＿＿＿＿＿＿＿＿＿＿＿＿＿＿＿＿＿＿＿＿＿＿

＿＿＿＿＿＿＿＿＿＿＿＿＿＿＿＿＿＿＿＿＿＿＿＿＿＿＿＿＿＿＿＿＿

（5）安装防护用具。

服务顾问：＿＿＿＿＿＿＿＿＿＿＿＿＿＿＿＿＿＿＿＿＿＿＿＿＿＿＿

＿＿＿＿＿＿＿＿＿＿＿＿＿＿＿＿＿＿＿＿＿＿＿＿＿＿＿＿＿＿＿＿＿

＿＿＿＿＿＿＿＿＿＿＿＿＿＿＿＿＿＿＿＿＿＿＿＿＿＿＿＿＿＿＿＿＿

（6）邀请客户一同环车检查。

服务顾问：＿＿＿＿＿＿＿＿＿＿＿＿＿＿＿＿＿＿＿＿＿＿＿＿＿＿＿

＿＿＿＿＿＿＿＿＿＿＿＿＿＿＿＿＿＿＿＿＿＿＿＿＿＿＿＿＿＿＿＿＿

＿＿＿＿＿＿＿＿＿＿＿＿＿＿＿＿＿＿＿＿＿＿＿＿＿＿＿＿＿＿＿＿＿

（7）一边检查一边将结果报给客户。

服务顾问：＿＿＿＿＿＿＿＿＿＿＿＿＿＿＿＿＿＿＿＿＿＿＿＿＿＿＿

＿＿＿＿＿＿＿＿＿＿＿＿＿＿＿＿＿＿＿＿＿＿＿＿＿＿＿＿＿＿＿＿＿

＿＿＿＿＿＿＿＿＿＿＿＿＿＿＿＿＿＿＿＿＿＿＿＿＿＿＿＿＿＿＿＿＿

（8）与客户进行结果确认。

服务顾问：＿＿＿＿＿＿＿＿＿＿＿＿＿＿＿＿＿＿＿＿＿＿＿＿＿＿＿

＿＿＿＿＿＿＿＿＿＿＿＿＿＿＿＿＿＿＿＿＿＿＿＿＿＿＿＿＿＿＿＿＿

＿＿＿＿＿＿＿＿＿＿＿＿＿＿＿＿＿＿＿＿＿＿＿＿＿＿＿＿＿＿＿＿＿

接车检查单

报修人：	联系电话：	报修日期：
牌照号：	行驶里程：	VIN码：

客户需求描述

外观/内饰/附件检查

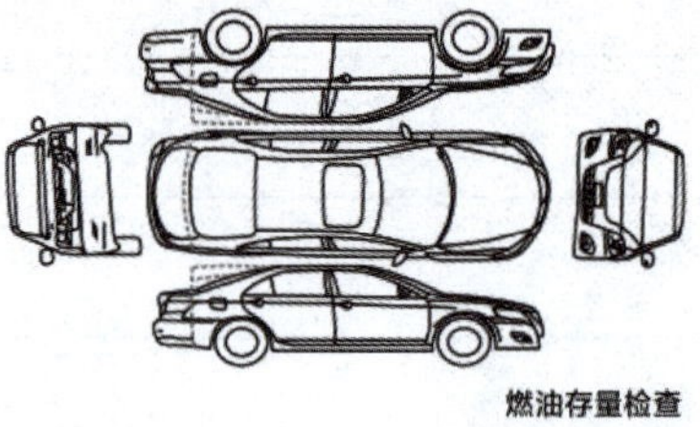

▲ 划痕　●油漆

燃油存量检查

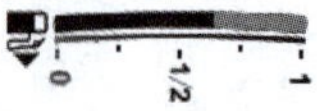

灯光 □	机 油 □	空 调 □
雨刮 □	冷却液 □	音 响 □
玻璃 □	制动液 □	天 窗 □
轮胎 □	转向液 □	电动窗 □
备胎 □	玻璃清洗液 □	电动后视镜 □
电瓶 □	随车工具包 □	仪表指示灯 □

好：√　有故障，需维修：○

维修项目费用/时间预估

维修项目		预估费用	
合计金额		预估交车时间	
建议维修项目			

温馨提醒

①现金及贵重物品请随身携带，本店不负责保管；
②此单所含维修费用、时间预估不做结算依据，最终结算以结算单为准；
③检查出故障，在本店维修，则检查费包含在维修费内，如不在本店维修，请支付检查费＿＿＿＿＿＿元 。

客户签名：　　　　　　　　　　　　服务顾问签名：

图 3-8　接车检查单

任务评价

请对照任务考核工单 3-1 进行评价。

任务考核工单 3-1

<table>
<tr><td colspan="5" align="center">子任务 3.1　客户接待与车辆预检</td></tr>
<tr><td rowspan="2" align="center">任务标准</td><td rowspan="2" align="center">分数/分</td><td colspan="3" align="center">任务评价</td></tr>
<tr><td align="center">学生自评</td><td align="center">小组互评</td><td align="center">教师评价</td></tr>
<tr><td colspan="5">礼仪规范（15 分）</td></tr>
<tr><td>1. 着装干净整洁</td><td>3</td><td></td><td></td><td></td></tr>
<tr><td>2. 仪容规范</td><td>3</td><td></td><td></td><td></td></tr>
<tr><td>3. 仪态规范</td><td>3</td><td></td><td></td><td></td></tr>
<tr><td>4. 使用礼貌用语</td><td>3</td><td></td><td></td><td></td></tr>
<tr><td>5. 面带微笑，与客户保持目光接触</td><td>3</td><td></td><td></td><td></td></tr>
<tr><td colspan="5">沟通技巧（10 分）</td></tr>
<tr><td>1. 表达流畅、口齿清楚</td><td>4</td><td></td><td></td><td></td></tr>
<tr><td>2. 有效倾听</td><td>3</td><td></td><td></td><td></td></tr>
<tr><td>3. 恰当提问</td><td>3</td><td></td><td></td><td></td></tr>
<tr><td colspan="5">流程操作（55 分）</td></tr>
<tr><td>1. 迅速出迎，引导停车，手势规范</td><td>2</td><td></td><td></td><td></td></tr>
<tr><td>2. 问候客户，主动为客户开启车门</td><td>2</td><td></td><td></td><td></td></tr>
<tr><td>3. 自我介绍，并递送名片</td><td>2</td><td></td><td></td><td></td></tr>
<tr><td>4. 询问客户来意</td><td>2</td><td></td><td></td><td></td></tr>
<tr><td>5. 确认保养手册</td><td>1</td><td></td><td></td><td></td></tr>
<tr><td>6. 上车检查前，当着顾客的面安装防护用具</td><td>2</td><td></td><td></td><td></td></tr>
<tr><td>7. 记录里程表和燃油刻度，并口头告知客户</td><td>3</td><td></td><td></td><td></td></tr>
<tr><td>8. 检查车内各功能（共计 9 个检查项）</td><td>9</td><td></td><td></td><td></td></tr>
<tr><td>9. 邀请客户一起环检</td><td>2</td><td></td><td></td><td></td></tr>
<tr><td>10. 检查车辆外观并在预检单上正确记录（共计 7 个检查项）</td><td>7</td><td></td><td></td><td></td></tr>
<tr><td>11. 检查车辆发动机舱并在预检单上正确记录（共计 7 个检查项）</td><td>7</td><td></td><td></td><td></td></tr>
<tr><td>12. 开启后备厢时征求客户同意</td><td>1</td><td></td><td></td><td></td></tr>
<tr><td>13. 检查随车工具及车辆附件（共计 9 个检查项）</td><td>9</td><td></td><td></td><td></td></tr>
<tr><td>14. 提醒客户贵重物品随身携带</td><td>2</td><td></td><td></td><td></td></tr>
<tr><td>15. 再次确认客户需求</td><td>2</td><td></td><td></td><td></td></tr>
</table>

子任务3.1　客户接待与车辆预检				
任务标准	分数/分	任务评价		
		学生自评	小组互评	教师评价
流程操作（55分）				
16. 请客户在预检单上签字确认	2			
合计	80			
综合评价（评语）				
礼仪规范				
沟通技巧				
流程操作				
评价等级	☆　☆　☆　☆　☆			

任务总结

完成较好的方面：

_____

_____

_____

_____

有待改进的方面：

_____

_____

_____

_____

子任务 3.2　车辆问诊

日期：_____　　　小组组别：_____

小组成员：_____

任务下达

李明先生本次进店，除了给车做常规保养，还反映最近车辆加油迟钝，作为服务顾问，请你做好问诊工作。

工具准备

接车板、预检单、问诊单、车辆防护用具、名片、中性笔。

任务准备

【引导问题 1】问诊的意义是什么？

_____

_____

_____

_____

【引导问题 2】举例说明什么是开放式问题？什么是封闭式问题？

_____

_____

_____

_____

【引导问题 3】用户反映的车辆问题可以分为哪四大系统？举例说明四大系统的常见故障。

_____

_____

_____

_____

【引导问题4】什么是 5W1H 的问诊方法？

_____

_____

_____

_____

任务实施

本次任务重点是学习问诊的方法，对流程不做考核，请完成以下问诊任务。

1. 与本组成员共同布置场地，准备好工具、单据和资料，摆放妥当，并进行核对，如表 3 – 3 所示。

表 3 – 3　准备并核对工具、单据和资料

准备内容	√	准备内容	√	准备内容	√

2. 在本任务中，李明先生报修加速无力，你将如何进行问诊？请写下你的问题。

_____

_____

_____

_____

将任务中的客户描述记录在接车检查单上，如表 3 – 4 所示。

表 3 – 4　接车检查单

客户姓名/单位		车牌号		行驶里程		公里
客户描述	保　养：首次保养□　小保养□　常规保养□　验车保养□　换机油机滤□　换三滤机油□　换机油□ 发动机：发不出　□　抖或嗦□　加速不良□　动力不足□　油耗高□　易熄火□　怠速不稳□ 异　响：发动机　□　底　盘□　行　驶□　变速箱□　刹车□　仪表台□　座椅车门□ 灯　亮：机油黄灯□　机油红灯□　　水温灯□　ABS□　　气囊□　　转向机灯□　　EPC 灯□ 空　调：不制冷□　异响□　有异味□　漏　水：冷却液□　车身□　天窗□ 漏　油：发动机□　变速箱□　刹车□　汽油□　事　故：保险事故整形油漆□　局部整形补漆□ 其他： _____ ||				

3. 如果某客户报修车底盘有异响，你将如何进行问诊？请写下你的问题。

根据客户描述，在接车检查单上进行记录，如表 3-5 所示。

表 3-5 接车检查单

客户姓名/单位		车牌号		行驶里程	公里
客户描述	保 养：首次保养□ 小保养□ 常规保养□ 验车保养□ 换机油机滤□ 换三滤机油□ 换机油□ 发动机：发不出 □ 抖或啄□ 加速不良□ 动力不足□ 油耗高□ 易熄火□ 怠速不稳□ 异 响：发动机 □ 底 盘□ 行 驶 变速箱□ 刹车□ 仪表台□ 座椅车门□ 灯 亮：机油黄灯□ 机油红灯□ 水温灯□ ABS□ 气囊□ 转向机灯□ EPC 灯□ 空 调：不制冷□ 异响□ 有异味□ 漏 水：冷却液□ 车身□ 天窗□ 漏 油：发动机□ 变速箱□ 刹车□ 汽油□ 事 故：保险事故整形油漆□ 局部整形补漆□ 其他：_____				

4. 如果某客户报修反映发动机抖动，你将如何进行问诊？请写下你的问题。

根据客户描述，在接车检查单上进行记录，如表 3-6 所示。

表 3-6 接车检查单

客户姓名/单位		车牌号		行驶里程	公里
客户描述	保 养：首次保养□ 小保养□ 常规保养□ 验车保养□ 换机油机滤□ 换三滤机油□ 换机油□ 发动机：发不出 □ 抖或啄□ 加速不良□ 动力不足□ 油耗高□ 易熄火□ 怠速不稳□ 异 响：发动机 □ 底 盘□ 行 驶□ 变速箱□ 刹车□ 仪表台□ 座椅车门□ 灯 亮：机油黄灯□ 机油红灯□ 水温灯□ ABS□ 气囊□ 转向机灯□ EPC 灯□ 空 调：不制冷□ 异响□ 有异味□ 漏 水：冷却液□ 车身□ 天窗□ 漏 油：发动机□ 变速箱□ 刹车□ 汽油□ 事 故：保险事故整形油漆□ 局部整形补漆□ 其他：_____				

5. 用户反映车门玻璃不能正常升降，你将如何进行问诊？请写下你的问题。

_____

_____

_____

_____

6. 根据客户描述，在接车检查单上进行记录，如表3-7所示。

表3-7　接车检查单

客户姓名/单位		车牌号		行驶里程	公里
客户描述	保　养：首次保养□　小保养□　常规保养□　验车保养□　换机油机滤□　换三滤机油□　换机油□ 发动机：发不出　□　抖或啄□　加速不良□　动力不足□　油耗高□　易熄火□　怠速不稳□ 异　响：发动机　□　底　盘□　行　驶□　变速箱□　刹车□　仪表台□　座椅车门□ 灯　亮：机油黄灯□　机油红灯□　水温灯□　ABS□　气囊□　转向机灯□　EPC灯□ 空　调：不制冷□　异响□　有异味□　漏　水：冷却液□　车身□　天窗□ 漏　油：发动机□　变速箱□　刹车□　汽油□　事　故：保险事故整形油漆□　局部整形补漆□ 其他：_____ _____

任务评价

请对照任务考核工单3-2进行评价。

任务考核工单3-2

子任务3.2　车辆问诊				
任务标准	分数/分	任务评价		
		学生自评	小组互评	教师评价
1. 第1次问诊	10			
2. 第2次问诊	10			
3. 第3次问诊	10			
4. 第4次问诊	10			
5. 在预检单上翔实准确地记录客户描述的问题	20			
合计	60			
综合评价（评语）				
问诊				
记录				
评价等级	☆　☆　☆　☆　☆			

任务总结

完成较好的方面：

_____

_____

_____

_____

有待改进的方面：

_____

_____

_____

_____

任务四
确定保养维修项目

子任务 4.1　车辆保养项目的沟通与确立

日期：_____　　　　　小组组别：_____

小组成员：_____

任务下达

今天上午 11：00，李先生驾驶他的雪铁龙 C6 2021 款 400THP 舒适版来店，想要进行车辆保养。经过检查，车辆行驶了 29 800 公里，作为服务顾问，请你给李先生介绍本次保养的工作内容、费用和时间等，与客户商定本次保养项目和费用。

工具准备

接待台、两把椅子、计算机、预检单、保养计划表、维修与质量担保手册、经销商管理系统、笔、水杯。

任务准备

【引导问题 1】首次保养有什么作用？定期保养有什么作用？

_____

_____

_____

_____

【引导问题 2】任选一款车型，行驶多久就需要做首次保养？行驶多久就需要做定期保养呢？

_____

_____

_____

_____

_____

【引导问题 3】任选一款车型，说明首次保养政策和保养项目有哪些？

_____

_____

【引导问题 4】任选一款车型，说明定期保养政策和保养项目有哪些？

_____

_____

【引导问题 5】任选择两款车型，了解保养的常见工时、备件的费用情况，填在表 4 – 1 中，并回答以下问题。

表 4 – 1　不同车型保养项目区别

保养项目	车型 A (_____)	车型 B (_____)
①保养工时费		
②机油滤清器		
③		
⑤		
④		
⑥		

如果客户问，为什么他的车保养价格比他朋友的车保养价格贵，你该如何回答？

_____

_____

任务实施

1. 与本组成员共同布置场地，准备好工具和相关单据、资料，摆放妥当，并进行核对，如表 4 – 2 所示。

表 4 – 2　准备并核对工具和相关单据、资料

准备内容	√	准备内容	√	准备内容	√

(在准备就绪的项目后面划√)

2. 与同组成员以角色扮演的形式，完成本次任务。并写下服务顾问的沟通话术。

角色要求：服务顾问、车间主管、客户。

（1）引导李先生到接待前台。

服务顾问：_____

_____

（2）介绍本次保养的项目内容。

服务顾问：_____

_____

_____

（3）主动预估保养费用和时间。

服务顾问：_____

_____

_____

（4）复述、确认李先生的保养维修需求。

服务顾问：_____

_____

_____

_____

任务评价

请对照任务考核工单 4 - 1 进行评价。

任务考核工单 4 - 1

子任务 4.1　车辆保养项目的沟通和确立				
任务标准	分数/分	任务评价		
		学生自评	小组互评	教师评价
礼仪规范（10 分）				
1. 举止、仪态规范	3			
2. 使用礼貌用语	4			
3. 面带微笑，与客户保持目光接触	3			
沟通技巧（10 分）				
1. 表达流畅、口齿清楚	3			
2. 沟通技巧	4			
3. 专业度	3			

子任务 4.1　车辆保养项目的沟通和确立				
任务标准	分数/分	任务评价		
		学生自评	小组互评	教师评价
流程操作（40 分）				
1. 引导客户到接待前台	2			
2. 告知接下来的安排	3			
3. 请客户入座，提供饮品	3			
4. 使用保养手册	2			
5. 向客户详细介绍保养的具体项目	10			
6. 向客户预估保养费用和时间	5			
7. 询问客户的其他需求	3			
8. 复述、确认客户需求	2			
9. 将客户信息和保养需求输入经销商管理系统中	10			
合计	60			
综合评价（评语）				
礼仪规范				
沟通技巧				
流程操作				
评价等级	☆　☆　☆　☆　☆			

任务总结

完成较好的方面：

_____

_____

_____

有待改进的方面：

_____

_____

_____

_____

子任务4.2　车辆维修项目的沟通与确立

日期：_____　　　　小组组别：_____

小组成员：_____

任务下达

今天上午11：00，李先生驾驶他的雪铁龙C6 2021款400THP舒适版来店，反映车辆最近跑高速时，加油反应迟缓，想对车辆进行检查。作为服务顾问，请你安排车间对李先生的爱车进行深入检查，查明原因。并且向李先生进行详细的解释说明，确定本次的维修项目。

工具准备

接待台、两把椅子、计算机、预检单、经销商管理系统、维修与质量担保手册、笔、水杯。

任务准备

【引导问题1】加油反应迟缓，通常都可能是哪些原因导致的？有什么解决措施？

原因1：_____

解决措施：_____

原因2：_____

解决措施：_____

原因3：_____

解决措施：_____

【引导问题2】你还了解车上的哪些常见故障？请写出至少3类，并说明其原因。

①_____

_____

②_____

_____

③_____

【引导问题 3】在车辆的常见故障中，有一些与驾驶员的不当操作有关。请问你知道哪些不良驾驶习惯或使用习惯呢？请列举至少 5 个，说明其危害，填在表 4-3 中。

表 4-3   不良驾驶习惯及对车辆的影响

不良驾驶习惯列举	对车辆的影响
①	
②	
③	
④	
⑤	
⑥	

请问，作为服务顾问，你该怎样跟客户沟通、了解他的驾驶习惯呢？

_____

_____

_____

_____

任务实施

1. 与本组成员共同布置场地，准备好工具和相关单据、资料，摆放妥当，并进行核对，如表 4-4 所示。

表 4-4   准备并核对工具和相关单据、资料

准备内容	√	准备内容	√	准备内容	√

（在准备就绪的项目后面划√）

2. 与同组成员以角色扮演的形式，完成本次任务。并写下服务顾问的沟通话术。
角色要求：服务顾问、车间主管、客户。
（1）引导李先生到休息区。

服务顾问：_____

_____

（2）安排车间检查车辆，向李先生说明。

服务顾问：＿＿＿＿＿＿＿＿＿＿＿＿＿＿＿＿＿＿＿＿＿

＿＿＿＿＿＿＿＿＿＿＿＿＿＿＿＿＿＿＿＿＿＿＿＿＿＿＿

（3）告知李先生检查结果、故障原因、处理办法。

服务顾问：＿＿＿＿＿＿＿＿＿＿＿＿＿＿＿＿＿＿＿＿＿

＿＿＿＿＿＿＿＿＿＿＿＿＿＿＿＿＿＿＿＿＿＿＿＿＿＿＿

＿＿＿＿＿＿＿＿＿＿＿＿＿＿＿＿＿＿＿＿＿＿＿＿＿＿＿

（4）向李先生说明维修的项目、备件、费用和时间。

服务顾问：＿＿＿＿＿＿＿＿＿＿＿＿＿＿＿＿＿＿＿＿＿

＿＿＿＿＿＿＿＿＿＿＿＿＿＿＿＿＿＿＿＿＿＿＿＿＿＿＿

＿＿＿＿＿＿＿＿＿＿＿＿＿＿＿＿＿＿＿＿＿＿＿＿＿＿＿

（5）复述、确认李先生的维修需求。

服务顾问：＿＿＿＿＿＿＿＿＿＿＿＿＿＿＿＿＿＿＿＿＿

＿＿＿＿＿＿＿＿＿＿＿＿＿＿＿＿＿＿＿＿＿＿＿＿＿＿＿

任务评价

请对照任务考核工单4－2进行评价。

任务考核工单4－2

子任务4.2　车辆维修项目的沟通和确立				
任务标准	分数/分	任务评价		
		学生自评	小组互评	教师评价
礼仪规范（10分）				
1. 举止、仪态规范	3			
2. 使用礼貌用语	4			
3. 面带微笑，与客户保持目光接触	3			
沟通技巧（10分）				
1. 表达流畅、口齿清楚	3			
2. 沟通技巧	4			
3. 专业度	3			
流程操作（40分）				
1. 引导客户到休息室	2			
2. 告知接下来的安排	2			

任务标准	分数/分	任务评价		
		学生自评	小组互评	教师评价
流程操作（40分）				
3. 请客户入座，提供饮品	2			
4. 安排车辆进行故障检查	2			
5. 将客户请到接待前台	2			
6. 向客户说明故障原因、处理办法	5			
7. 向客户介绍维修项目和备件	5			
8. 向客户预估维修费用和时间	5			
9. 询问客户的其他需求	3			
10. 复述、确认客户需求	2			
11. 将客户信息和保养需求输入到《经销商管理系统》中	10			
合计	60			
综合评价（评语）				
礼仪规范				
沟通技巧				
流程操作				
评价等级	☆　☆　☆　☆　☆			

表头：子任务 4.2　车辆维修项目的沟通和确立

任务总结

完成较好的方面：

_____

_____

_____

_____

有待改进的方面：

_____

_____

_____

_____

子任务4.3　维修委托书的完成和维修派工

日期：_____　　　　小组组别：_____

小组成员：_____

任务下达

服务顾问小陈已经跟李先生确定好了本次维修保养的项目，现在，需要打印维修委托书，完成签订工作，并安排车辆进车间进行保养维修，安顿好客户。

工具准备

接待台、两把椅子、计算机、经销商管理系统、维修委托书、客户休息室、笔、水杯。

任务准备

【引导问题1】维修委托书有哪些重要作用？

_____

_____

_____

【引导问题2】打印完维修委托书后，服务顾问需要向客户解释说明哪些内容？还有哪些内容跟客户确认后，才能签订维修委托书？

① _____

_____

② _____

_____

任务实施

1. 与本组成员共同布置场地，准备好工具和相关单据、资料，摆放妥当，并进行核对，如表4-5所示。

表 4 – 5　准备并核对工具和相关单据、资料

准备内容	√	准备内容	√	准备内容	√

（在准备就绪的项目后面划√）

2. 与同组成员以角色扮演的形式，完成本次任务。请利用经销商管理系统仿真软件完成维修委托书的制作和打印，然后，写下服务顾问的沟通话术。

角色要求：服务顾问、车间主管、客户。

（1）制作、打印维修委托书，请写下维修委托书中包含的主要信息。

车辆信息：＿＿＿＿＿＿＿＿＿＿＿＿＿＿＿＿＿＿＿＿＿＿＿＿＿＿＿＿＿＿＿＿

车主信息：＿＿＿＿＿＿＿＿＿＿＿＿＿＿＿＿＿＿＿＿＿＿＿＿＿＿＿＿＿＿＿＿

委托内容：＿＿＿＿＿＿＿＿＿＿＿＿＿＿＿＿＿＿＿＿＿＿＿＿＿＿＿＿＿＿＿＿

确认项目：＿＿＿＿＿＿＿＿＿＿＿＿＿＿＿＿＿＿＿＿＿＿＿＿＿＿＿＿＿＿＿＿

（2）以子任务 4.1 和子任务 4.2 中的保养维修项目为例，向李先生解释维修委托书上的内容。

服务顾问：＿＿＿＿＿＿＿＿＿＿＿＿＿＿＿＿＿＿＿＿＿＿＿＿＿＿＿＿＿＿＿＿

＿＿＿＿＿＿＿＿＿＿＿＿＿＿＿＿＿＿＿＿＿＿＿＿＿＿＿＿＿＿＿＿＿＿＿＿＿＿

＿＿＿＿＿＿＿＿＿＿＿＿＿＿＿＿＿＿＿＿＿＿＿＿＿＿＿＿＿＿＿＿＿＿＿＿＿＿

（3）确认、签字，完成后续工作。

服务顾问：＿＿＿＿＿＿＿＿＿＿＿＿＿＿＿＿＿＿＿＿＿＿＿＿＿＿＿＿＿＿＿＿

＿＿＿＿＿＿＿＿＿＿＿＿＿＿＿＿＿＿＿＿＿＿＿＿＿＿＿＿＿＿＿＿＿＿＿＿＿＿

＿＿＿＿＿＿＿＿＿＿＿＿＿＿＿＿＿＿＿＿＿＿＿＿＿＿＿＿＿＿＿＿＿＿＿＿＿＿

（4）安排李先生离店/留店。

（离店）服务顾问：＿＿＿＿＿＿＿＿＿＿＿＿＿＿＿＿＿＿＿＿＿＿＿＿＿＿＿

＿＿＿＿＿＿＿＿＿＿＿＿＿＿＿＿＿＿＿＿＿＿＿＿＿＿＿＿＿＿＿＿＿＿＿＿＿＿

（留店）服务顾问：＿＿＿＿＿＿＿＿＿＿＿＿＿＿＿＿＿＿＿＿＿＿＿＿＿＿＿

＿＿＿＿＿＿＿＿＿＿＿＿＿＿＿＿＿＿＿＿＿＿＿＿＿＿＿＿＿＿＿＿＿＿＿＿＿＿

任务评价

请对照任务考核工单4-3进行评价。

任务考核工单4-3

子任务4.3 维修委托书的完成和维修派工				
任务标准	分数/分	任务评价		
		学生自评	小组互评	教师评价
礼仪规范（10分）				
1. 举止、仪态规范	3			
2. 使用礼貌用语	4			
3. 面带微笑，与客户保持目光接触	3			
沟通技巧（10分）				
1. 表达流畅、口齿清楚	3			
2. 沟通技巧	4			
3. 专业度	3			
流程操作（40分）				
1. 打印维修委托书	3			
2. 向客户逐项解释维修项目和费用	5			
3. 向客户说明最终费用以结算单为准	3			
4. 向客户说明预估完工时间	3			
5. 询问客户维修旧件是否带走	3			
6. 询问客户是否清洗车辆	3			
7. 询问客户的其他需求	3			
8. 请客户核对维修委托书的信息	3			
9. 服务顾问先签字，再请客户签字	3			
10. 将维修委托书客户联交给客户	3			
11. 征询客户留店意愿	2			
12. 引导客户到休息室或安排客户离店	3			
13. 将维修委托书交给车间主管，告知维修需求	3			
合计	60			
综合评价（评语）				
礼仪规范				
沟通技巧				
流程操作				
评价等级	☆　☆　☆　☆　☆			

任务总结

完成较好的方面：

_____

_____

_____

_____

有待改进的方面：

_____

_____

_____

_____

_____

任务五

维修过程中的沟通

子任务5.1 维修进度跟踪和增项处理

日期：_____ 小组组别：_____

小组成员：_____

任务下达

客户李先生的爱车在维修过程中，发现右后制动片磨损严重，维修技师建议更换。作为服务顾问，请你与李先生沟通，说明增项情况，征询李先生的处理意见，并完成相关手续。此外，在维修过程中，还需跟踪维修进度，及时告知李先生维修的进展情况。

工具准备

接待台、椅子、计算机、经销商管理系统、维修委托书、客户休息室、笔、水杯、手机或座机。

任务准备

【引导问题1】出现维修增项时，维修班组应该怎样处理？服务顾问又需要做哪些事情？

维修班组做法：_____

_____

服务顾问做法：_____

_____

_____

【引导问题2】如果李先生在店内，同意了增项维修，服务顾问应该对之前的维修委托书进行哪些处理？如果李先生不同意维修呢？

①同意维修：_____

_____

_____

②不同意维修：_____

【引导问题3】如果李先生恰好不在店里，服务顾问应该如何处理？

_____

_____

_____

任务实施

1. 与本组成员共同布置场地，准备好工具和相关单据、资料，摆放妥当，并进行核对，如表5－1所示。

表5－1 准备并核对工具和相关单据、资料

准备内容	√	准备内容	√	准备内容	√

（在准备就绪的项目后面划√）

2. 与同组成员以角色扮演的形式，完成本次任务。请写下操作内容和沟通话术。
角色要求：服务顾问、车间主管、客户。
（1）任选一个车辆常见问题作为增项，与客户沟通。

服务顾问：_____

_____

_____

_____

（2）维修委托书的更改或重新制作。

更改操作：_____

_____

重制操作：_____

_____

（3）向客户通报维修进度。

服务顾问：_____

_____

任务评价

请对照任务考核工单 5–1 进行评价。

任务考核工单 5–1

子任务 5.1　维修进度跟进和增项处理				
任务标准	分数/分	任务评价		
		学生自评	小组互评	教师评价
礼仪规范（10 分）				
1. 举止、仪态规范	3			
2. 使用礼貌用语	4			
3. 面带微笑，与客户保持目光接触	3			
沟通技巧（10 分）				
1. 表达流畅、口齿清楚	3			
2. 沟通技巧	4			
3. 专业度	3			
流程操作（40 分）				
1. 了解车辆维修进度	3			
2. 记录维修中发现的问题（增项）	3			
3. 向客户沟通维修中发现的问题	3			
4. 向客户解释问题发生的原因和处理办法	5			
5. 陈述好处或潜在危险，向客户建议维修	5			
6. 向客户说明增加的费用和时间	5			
7. 更改或重新制作维修委托书（客户如不同意，涉及安全件的，在维修委托书上记录）	5			
8. 请客户核对后签字（客户如不同意，涉及安全件的，请客户签字）	3			
9. 将维修委托书客户联交给客户	3			
10. 必要时为客户添饮料	3			
11. 将维修委托书交给车间主管，告知维修需求	2			
合计	60			
综合评价（评语）				
礼仪规范				
沟通技巧				
流程操作				
评价等级	☆　☆　☆　☆　☆			

任务总结

完成较好的方面：

_____

_____

_____

_____

_____

有待改进的方面：

_____

_____

_____

_____

_____

子任务5.2 增值服务推荐

日期： _____   小组组别： _____

小组成员： _____

任务下达

李先生的爱车雪铁龙 C6 2021 款 400THP 舒适版已经用了快 3 年了，马上就要出质保期了，保险也快到期了。另外，李先生这次来店做维修保养，服务顾问根据车辆的情况，给李先生推荐适合他的增值业务。

工具准备

客户休息室、椅子、相关展示资料、笔、纸、水杯。

任务准备

【引导问题1】关于《家用车三包条例》，你了解哪些政策？客户要享受政策，有哪些必备条件？

政策介绍： _____

_____

_____

必备条件： _____

_____

_____

【引导问题2】什么是延长保修服务？有哪些项目？对哪些群体适用？

延保介绍： _____

_____

延保项目： _____

_____

_____

适用群体：_____

_____

_____

【引导问题 3】车辆养护用品有哪些？分别有什么作用？

① _____

② _____

③ _____

④ _____

⑤ _____

【引导问题 4】根据李先生的爱车情况，分析有哪些适合他的增值服务呢？

增值业务 1：_____

_____

增值业务 2：_____

_____

【引导问题 5】4S 店代理保险业务的优势有哪些？

优势 1：_____

优势 2：_____

优势 3：_____

优势 4：_____

任务实施

1. 与本组成员共同布置场地，准备好工具和相关单据、资料，摆放妥当，并进行核对，如表 5-2 所示。

表 5-2　准备并核对工具和相关单据、资料

准备内容	√	准备内容	√	准备内容	√

（在准备就绪的项目后面划√）

2. 与同组成员以角色扮演的形式，完成本次任务。写下服务顾问的沟通话术。

角色要求：服务顾问、客户。

（1）向李先生推荐合适的延保产品。

服务顾问：_____

_____

_____

_____

_____

（2）向李先生推荐合适的车辆养护用品。

服务顾问：_____

_____

_____

_____

_____

（3）向李先生建议在店里购买保险。

服务顾问：_____

_____

_____

_____

_____

（4）向李先生推荐升级为店里 VIP 的会员制度（200 元/年，500 元/终身）。

服务顾问：_____

_____

_____

_____

_____

任务评价

请对照任务考核工单 5-2 进行评价。

任务考核工单 5 - 2

任务标准	分数/分	任务评价		
		学生自评	小组互评	教师评价
子任务 5.2　增值服务的推荐				
礼仪规范（10 分）				
1. 举止、仪态规范	3			
2. 使用礼貌用语	4			
3. 面带微笑，与客户保持目光接触	3			
沟通技巧（20 分）				
1. 表达流畅、口齿清楚	5			
2. 沟通技巧	10			
3. 关注客户，以客户为中心	5			
政策讲解、业务介绍（50 分）				
1. 介绍质量担保政策和三包政策	10			
2. 推荐延保服务	10			
3. 推荐车辆养护用品	10			
4. 推荐会员制度/介绍店内特色服务	10			
5. 介绍正确、专业	5			
6. 能从客户的信息中挖掘需求，推荐适合客户的产品	5			
合计	80			
综合评价（评语）				
礼仪规范				
沟通技巧				
流程操作				
评价等级	☆　　☆　　☆　　☆　　☆			

任务总结

完成较好的方面：

_____

_____

_____

_____

有待改进的方面：

_____

_____

_____

_____

任务六
交车作业

子任务6.1 交车准备

日期：_____　　　　小组组别：_____

小组成员：_____

任务下达

客户李明先生到东风雪铁龙西安龙跃 4S 店为爱车（C6 2021 款 400THP 舒适版）进行定期保养。车辆行驶了 29 800 公里，左前大灯有破损，客户要求检查并解决。维修技师在维修中发现刹车片已经磨损到极限值，需要更换，预计总耗时为 3 小时。现车辆已维修保养完毕，完成终检。在向客户交付车辆前，作为服务顾问，你应该做哪些准备工作？

工具准备

预检单、派工单、保养表单、维修委托书、维修保养质检表、维修结算单、《质量担保和保养手册》、旧件、车钥匙、名片、笔。

任务准备

【引导问题 1】什么是末轮效应？为什么要建立良好的末轮效应？

_____

_____

_____

_____

【引导问题 2】如何做才能留下良好的末轮印象？

_____

_____

_____

_____

任务实施

1. 与本组成员共同布置场地，准备好工具、单据和资料，摆放妥当，并进行核对，如表 6-1 所示。

表 6-1 准备并核对工具、单据和资料

准备内容	√	准备内容	√	准备内容	√

2. 车辆经过三级质检，并清洗完毕，放置在车辆竣工区，车间主管通知服务顾问做交车准备。作为服务顾问，你这时应与车间主管做哪些衔接工作？

_____

_____

_____

_____

_____

3. 在向客户交车前，服务顾问应对车辆做哪些检查？请填在图 6-1 中。

图 6-1 在向客户交车前对车辆的检查内容

4. 除上述检查外，还需准备什么维修资料？

_____

_____

_____

_____

_____

5. 通知客户取车，写出与李先生的沟通话术。

情况1：服务顾问亲至客户休息室。

服务顾问：_____

_____

_____

情况2：客户离店，服务顾问电话通知。

服务顾问：_____

_____

_____

任务评价

请对照任务考核工单6-1进行评价。

任务考核工单6-1

子任务6.1　交车准备				
任务标准	分数/分	任务评价		
		学生自评	小组互评	教师评价
礼仪规范（20分）				
1. 着装干净整洁	4			
2. 仪容规范	4			
3. 仪态规范	4			
4. 使用礼貌用语	4			
5. 面带微笑，与客户保持目光接触	4			
沟通技巧（10分）				
1. 表达流畅、口齿清楚	4			
2. 有效倾听	3			
3. 恰当提问	3			
流程操作（30分）				
1. 服务顾问检查确认表单数量	3			
2. 检查维修保养质检表中的维修维护项目的书面记录以及质检签名	3			
3. 向车间主管了解维修情况、车辆质量状况	4			
4. 根据维修委托书进行实车核对，确保所有维修保养项目已完成	5			
5. 检查车辆外观漆面，内外清洁度状况	2			

子任务 6.1 交车准备				
任务标准	分数/分	任务评价		
		学生自评	小组互评	教师评价
流程操作（30 分）				
6. 确认车内座椅、音响等是否恢复至客户设置的初始状态	2			
7. 确认旧件是否按照客户要求处理	2			
8. 检查是否有工具遗漏在车内，清点车主私人物品是否齐全	2			
9. 核对项目费用，利用 DMS 系统完成并打印结算单	3			
10. 在保养手册中记录已进行了的保养项目，并加盖经销商印章	2			
11. 礼貌通知客户验车	2			
合计	60			
综合评价（评语）				
礼仪规范				
沟通技巧				
流程操作				
评价等级	☆ ☆ ☆ ☆ ☆			

任务总结

完成较好的方面：

_____

_____

_____

_____

有待改进的方面：

_____

_____

_____

_____

子任务6.2 交车结算

日期：_____ 小组组别：_____

小组成员：_____

任务下达

服务顾问交付车辆时，客户李先生发现轮胎亏气，并对结算费用与预估费用不一致存在异议。随后在售后满意度调查中，服务顾问发现客户因车辆交付期间等待时间过长，产生不满。作为服务顾问，你认为是哪些地方出了问题？应该怎么妥善解决？最终满意交车，送客户离店。

工具准备

预检单、派工单、保养表单、维修委托书、维修保养质检表、维修结算单、《质量担保和保养手册》、保养提示帖、车辆放行条、发票、旧件、车钥匙、银行卡、名片、笔。

任务准备

【引导问题1】什么是客户关怀与情感营销？

_____

_____

_____

_____

_____

【引导问题2】良好的客户关怀和情感营销方式，能给企业带来什么好处？

_____

_____

_____

_____

_____

任务实施

1. 将学生分为 6 人一组，讨论以下问题。然后每组指定 2 名同学，按照下述讨论结果，实操演练任务场景。小组互评，教师点评。

（1）结算/交付车辆时，你应如何做到井然有序、有条不紊、减少客户等待的时间？

_____

_____

_____

_____

（2）依要求写出结算/交付车辆环节的话术。

_____

_____

_____

_____

（3）作为服务顾问，你如何处理客户对费用的异议问题？

_____

_____

_____

_____

（4）交付车辆时，客户发现轮胎亏气，服务顾问应如何处理？如何向客户解释？

_____

_____

_____

_____

2. 想要避免客户不满，提高客户满意度，在结算/车辆交付环节中还有哪些方法可以关怀客户，从而进行情感营销？举例写出场景话术，填在表 6-2 中。

（1）维修成果展示/说明。

服务顾问_____

_____

_____

（2）结算单解释说明。

服务顾问＿＿＿＿＿＿＿＿＿＿＿＿＿＿＿＿＿＿＿＿＿＿＿＿＿＿＿＿＿＿＿＿

＿＿＿＿＿＿＿＿＿＿＿＿＿＿＿＿＿＿＿＿＿＿＿＿＿＿＿＿＿＿＿＿＿＿＿＿＿＿

（3）陪同客户结账。

服务顾问＿＿＿＿＿＿＿＿＿＿＿＿＿＿＿＿＿＿＿＿＿＿＿＿＿＿＿＿＿＿＿＿

＿＿＿＿＿＿＿＿＿＿＿＿＿＿＿＿＿＿＿＿＿＿＿＿＿＿＿＿＿＿＿＿＿＿＿＿＿＿

（4）客户取车/服务提醒。

服务顾问＿＿＿＿＿＿＿＿＿＿＿＿＿＿＿＿＿＿＿＿＿＿＿＿＿＿＿＿＿＿＿＿

＿＿＿＿＿＿＿＿＿＿＿＿＿＿＿＿＿＿＿＿＿＿＿＿＿＿＿＿＿＿＿＿＿＿＿＿＿＿

（5）送客户离店。

服务顾问＿＿＿＿＿＿＿＿＿＿＿＿＿＿＿＿＿＿＿＿＿＿＿＿＿＿＿＿＿＿＿＿

＿＿＿＿＿＿＿＿＿＿＿＿＿＿＿＿＿＿＿＿＿＿＿＿＿＿＿＿＿＿＿＿＿＿＿＿＿＿

表6-2 场景话术

流程	方法/场景话术
维修成果展示/说明	
结算单解释说明	

续表

流程	方法/场景话术
陪同客户结账	
客户取车/服务提醒	
送客户离店	

任务评价

请对照任务考核工单 6 – 2 进行评价。

任务考核工单 6 – 2

任务标准	分数/分	任务评价		
		学生自评	小组互评	教师评价
子任务 6.2　交车准备/车辆交付				
礼仪规范（20 分）				
1. 着装干净整洁	4			
2. 仪容规范	4			
3. 仪态规范	4			
4. 使用礼貌用语	4			
5. 面带微笑，与客户保持目光接触	4			
沟通技巧（10 分）				
1. 表达流畅、口齿清楚	4			

续表

子任务 6.2　交车准备/车辆交付				
任务标准	分数/分	任务评价		
		学生自评	小组互评	教师评价
沟通技巧（10 分）				
2. 有效倾听	3			
3. 恰当提问	3			
流程操作（30 分）				
1. 礼貌地引导客户至车辆竣工区	2			
2. 耐心地说明每个维修保养项目的工作过程和结果（展示说明）	4			
3. 详细说明维修费用，特别是优惠或免费费用	4			
4. 陪同客户结算	2			
5. 结算后将所有单据（派工单、保养表单、维修保养质检单、结算单、发票、车辆放行条）整理好，连同《质量担保和保养手册》、车钥匙一同交给客户	2			
6. 向客户建议近期要做的维修，并提醒客户下次保养的里程和时间，并向客户宣传保养预约的好处及预约的方式	3			
7. 向客户说明车辆相关维修维护的专业建议及车辆使用注意事项	4			
8. 征询客户对本次服务的满意程度，以及意见和建议	2			
9. 询问客户方便接听回访电话的时段	2			
10. 向客户强调，如有任何问题，可与服务顾问本人进行联系，并递送名片	2			
11. 当着客户的面取下车辆防护五件套。将客户送至服务店门口，致谢，目送客户离开	3			
合计	60			
综合评价（评语）				
礼仪规范				
沟通技巧				
流程操作				
评价等级	☆　☆　☆　☆　☆			

任务总结

完成较好的方面:

_____

_____

_____

_____

有待改进的方面:

_____

_____

_____

_____